入門フリーメイスン全史

偏見と真実

片桐三郎
KATAGIRI Saburo

文芸社文庫

はじめに

私は、一九六〇年代はじめにフリーメイスンへ入会して以来、ロッジ（集会所）の役員を経て何回かロッジ・マスターにも任じられました。この間、フリーメイスンの歴史に関しては断片的で不確実な知識をもつだけで、その発祥から今日までの総合的な歴史の流れについては、ほとんど無知にひとしく、長期の会員とはいえ、この団体がいかにして始まり、どのような道のりをたどって今日にいたったか、ほとんど理解していませんでした。十年ほど前から個人的興味にかられて資料をあたり始め、調べてみるとフリーメイスンの複雑な過去が次第にわかってきました。しかし、残されている記録類の解釈には専門家の間でも無数の見解があり、これでは一般の方々がフリーメイスンの歴史やその理念、本質を理解することができず、政治的陰謀団とか、世界の経済支配をたくらんでいるといった疑惑をもつのも当然であると感じました。

その後、いろいろ尋ねてみると、フリーメイスンの過去に関して無知なのは、著者を含めたわれわれ日本人ばかりではなく、外国の一般の人々やメイスンの会員でも、一部の研究調査に深く関わっている方々を除いては、その多くがこの団体の歴史などについてはほとんど無知か、あるいは大きな誤解を抱いていることがわかってきました。これが動機で本書を書いてみる気になったのですが、もしかするとメイスン会員の中にも本書に興味をもってくれる方もあるのではないかと思います。

フリーメイスンの歴史には明瞭ではない部分が多々あります。たとえば、その発祥起源についても諸々の「説」があり、ある学者によると、これらの発祥起源説はすべてここ三百年ほどの間に学者や研究者によって発表されたものですが、今日、定説として受け入れられている発祥理論を除いては、そのほとんどがフリーメイスン史の誤った認識の上に組み立てられたものであることが判明しています。あまりにひどい誤解については本書の中で、そのおりにふれていますが、これらの「誤った認識」の中には学問的意図によってまじめに調査・分析したものの、誤った結論に達してしまったと思われるものがある反面、中には史実に偶然に残される暗合に基づいて、意図的に著者の空想を拡大したとしか思えない記述も数多くあります。

今日のわが国で世間にまかり通っている、いわゆるフリーメイスン関連の出版物はそのほとんどが、フリーメイスンを奇々怪々な存在にしたり、空想的な娯楽物にしたり、時には反社会的な存在にしてしまう書物が多いのですが、これらの本を書く人たちはなんでもかんでも面白おかしくすれば目的を達せられるので、内容の真実性や正確性にはまったく責任を感じていないように見えますが、読者はこれによって大きな誤解を与えられてしまいます。

フリーメイスン団体としてはこれら無責任な書物はできるだけ無視して相手にしないようにしていますが、時にはそのあまりの荒唐無稽さに不快感を禁じえません。本書の執筆にあたっては、わが国の国内で出版されているフリーメイスン関係の資料にはほとんど信頼できるものが見当たらないので、主として海外で学問的に正当性が認められ信頼できる資料を中心とし、これに加えてフリーメイスンには直接の関連はないが、日本の先人の手になる信頼できる記録や資料に従って、今日入手できるかぎり最も真実に近いと考えられる情報に基づいて、読者の知的興味に訴えたつもりです。

目次

編集協力　高野育郎

あらすじ

今日、友愛団体フリーメイスンが中世に実在した石工の団体を先祖とすることは一般の常識だが、石工の団体から友愛団体への変化の過程は地域によって必ずしも一様でなかったようである。最初に石工団体から一般人による現在のフリーメイスン団体への変化が起こったのは今日、英国として統一される以前の十七世紀、今から四、五百年の昔、スコットランド、イングランド、アイルランドに分かれていた頃のイギリス諸島である。この頃、中世のフランスやドイツなどの西欧諸国でも同じく、石工の団体が活動していたのだが、なぜかイギリス諸島以外の石工団体は石工団体のままに衰微してしまい、結局、友愛団体へ変化することはなかった。また、同じイギリス諸島の中でもスコットランド、イングランド、アイルランドの間では、現存する記録によるかぎり、石工団体から友愛団体への変化の道のりも同じではなく、個々に異なる変化の過程をたどったようである。

スコットランドでは十七世紀から一般人の貴族や知識人たちが徐々に石工団体に入会し始めた。最初は名誉職的な立場だったようだが、活動が次第に活発になり、それとともにロッジの中の石工職人が徐々に減り、二百年ほどの間には団体の中に石工職人が一人もいなくなり、完全に建築実務の石工団体から今日の友愛団体に変貌してしまった。

一方、同じイギリス諸島でもイングランドやアイルランドでは、十七世紀頃にはほとんどの石工団体が建築実務の活動を停止してしまった様子で、その後をついで一般知識人たちが勝手に自分たち自身のロッジ（集会所）をつくり、石工時代のフリーメイスン慣行を守りながら、社交を中心とした友愛団体となっていった模様である。本書では、ややわずらわしいかもしれないが、イギリス諸島における異なる枝に枝分かれした発祥起源を中世の法令や古文書によって検証することから始めようと思う。

十八世紀に入るとロンドンにおいて石工団体から友愛団体に変化した団体の組織化が始まり、この動きはスコットランドやアイルランドに拡がった。ロンドンでの組織化により、それまでの漠然とした古代慣行や自然発生権によって存在していたメイスン団体がしっかりした制度や組織をもつようになり、今日の友愛団体フリーメイスンの基礎が築かれ始めたが、新制度の整備とともに、陰謀団体ではないかとの疑いも起こり、友愛団体フリーメイスンの拡大とともに、世間一般のフリーメイスンを見る目も厳しくなった。この頃、イギリス諸島ではフリーメイスン団体が秘密にしている儀式内容の暴露本の出版が相次いだ。

ついで「友愛団体フリーメイスン」はイギリス諸島から西欧諸国へ飛び火し、音楽家モーツァルトなど有識者の入会があった。新しくヨーロッパ各国にできたフリーメイスン団体は、その本質はイギリスと似てはいたが、細部の運営方法は必ずしも同一ではなく、特に十八世紀半ばのフランスには英国型の三階級に加えて「多階位」と呼ばれた無数の階位が出現した。「多階位」の出現を原因として、フリーメイスン団体の中に百年ほどの間、多くの混乱が起こり、やがてその波は新世界やその他の地域にまで波紋を広げていった。

今日では時間の推移とともに混乱はいやされて終息し、正統的な三階級のメイスン団体と三十三階位を擁する「スコティッシュ・ライト」や「ヨーク・ライト」と呼ばれる付加的な団体、その他などとの間には安定した協調関係が保たれている。

新世界アメリカでは次第に移民が増加するとともに十七世紀からフリーメイスンのロッジ（集会所）が各地に自然発生したが、フリーメイスンの内蔵する自由自立の理念は米国独立の基本理念となり、今日でも米国は世界最大の二百万ほどのフリーメイスン人口をかかえている。

日本人では江戸末期のオランダで入会した哲学者・西周（にしあまね）がメイスン会員の第一号であった。しかし、これは海外での出来事であり、日本におけるフリーメイスンリーは開国後の横浜や神戸の開港場に流入した外国人によって始まった。だが、明治初期の日本政府と外国人のフリーメイスン会員の間の微妙なやりとりから両者の間に紳士協定が成立した。この紳士協定によってわが国政府はフリーメイスン集会を規制せずに放任したが、その見返りとして日本人の入会は認められず、日本社会への接触や宣伝などは禁止された。

大正期の第一次世界大戦後になると、わが国では軍部や軍国主義者が政治の主導権を握り始め、外国人だけが入会できるフリーメイスンはスパイ団体ではないかとの疑惑を抱かれた。軍国主義者の攻撃はナチス・ドイツの影響を受けたユダヤ人への攻撃とセットになり、国粋主義運動と結びついて激しい攻撃となった。しかし、フリーメイスン側は明治前期の日本政府との間の紳士協定にしばられて、これに反論することはできなかった。結局、この制約は太平洋戦争の開戦まで続き、今日でも大多数の日本人がフリーメイスンに抱く誤解と偏見の原因となっている。

太平洋戦争開戦後はすべてのロッジは閉鎖されたが、敗戦後、日本国内に残留していた少数の外国人のフリーメイスン会員は駐留軍のメイスン会員の支援を得て一部で復活した。戦後は日本人も入会できるようになり、一九五七年には日本グランド・ロッジが発足し、現在、日本グランド・ロッジは世界中の百五十以上の各国および各地のメイスン団体と相互承認関係にある。

以上が本書の大筋であるが、そうした流れの理解の一助として、「十八世紀に英国で起こった古文書の発見」や今日のフランスにおけるフリーメイスンの主流ではあるが、世界的には少数派である「グランドリアン出現の経緯」、「スコティッシュ・ライトの起源」、「フリーメイスンとユダヤ人の関係」など、従来のわが国では一般に公開されていない情報にも言及する。

第1章　石工団体

今日、世界中に存在する「友愛団体フリーメイスン」は多かれ少なかれ中世のイギリス諸島に活動していた建築実務の「石工団体」を先祖とするか、あるいはその影響を受けて誕生したと考えられている。

中世のイギリス諸島はイングランド、スコットランド、アイルランドに分かれていたが、これらの地域には古くから石工職人（メイスン）が集団として建築実務に従事していた。この集団がいつから、どのようにイギリス諸島にいついたのかは、今日、いっさい記録が残っていないのでわからないが、少なくとも十二世紀頃から各地の石造の建築に関わり、十四世紀頃からは「フリーメイスン」と呼ばれるようになった。

スコットランドでは十七世紀初頭以降、石工以外の貴族や一般知識人たちが石工団体へ加入し始め、二百年ほどの転換期を経て、徐々に団体の性格が建築実務の石工団体から友愛団体へ変化した。

一方、イングランドでは、一般人が石工団体へ加入したことを示す直接の証拠は見当たらないが、中世のイングランドにおいて石工団体が建築実務に活動したことは法令などの傍証からみて疑う余地はない。石工団体が一般人の友愛団体に変化した証拠は、ほんのわずかな間接的な記録をのぞいては見当たらないが、十七世紀前半から石工職人以外の一般人が自分たちのロッジ（集会所）を作り始め、イングランドではこのようなロッジの存在を傍証する記録が数多く散見される。

アイルランドでは今日、この転換期のほとんどの記録類が戦火などで消失しているのでさらに不明な点が多い。この章では石工団体が一般人による友愛団体フリーメイスンへ変化していく気運の高まるイギリス諸島を展望するが、中世のイギリス諸島の石工団体を展望する前に、十八世紀後半に起こったドイツの石工団体によるフリーメイスン起源説を検討する。

ドイツでの発祥起源説

一七七九年の欧州ストラスブルグ——この都市は第一次大戦以後フランス領となり、今日ではストラスブールと呼ばれているが、当時はドイツ系の公国の領地であって、そこで著名な歴史学者グランディディエール博士が、昔、建てられた大会堂の建築関係の記録を調査していた。ドイツには何百年も前から「スタインメッツエン」と呼ばれた石工の団体があってこの大会堂の建造に関わり、博士はこの石工団体に残されている古い手書きの写本を調査していた。博士は「石工団体スタインメッツエン」の写本に書かれている教訓や規則が、その頃、ドイツで多数の有識者が加入していた「友愛団体フリーメイスン」の中の教訓や規則とよく似ていることに気づいた。

博士はメイスン会員ではなかったが、当時、ドイツの多くの貴族や知識人が「フリーメイスン」に加入していることは知っていたし、団体の中に古くから残されている教訓や規則のことも伝え聞いていたから、この両者の類似に興味を抱き、発見を友人である歴史学者ポール・ヴォーゲルに伝えた。ヴォーゲルも興味をもってこの発見を検証し、数年間の調査の末、教訓や規則の類似その他から、当時のドイツに存在していた「友愛団体フリーメイスン」の発生源は中世ドイツの「石工団体スタインメッツエン」に違いないとの結論に達し、彼は一七八五年、「フリーメイスンリーに関する書簡」と題する論文の中にこれを公表した。

当時の人たちにとっては、ヴォーゲル説は革命的ともいえる斬新な発想だった。十八世紀後半のこの時代、ほとんどの会員や研究者にとって「友愛団体フリーメイスン」の発祥は旧約聖書の中の古代人物やそれ以降の古代史の中の出来事に深く関わり、古代史を基盤として発生したものと考えられていて、この発想の下に十八世紀半ば頃からフリーメイスンの発祥起源に関する多くの記述が発表されていた。

これらの記述は今日から見ると物証によらない空想的なフリーメイスン発祥起源説であったが、これらの説の広まった原因は中世イギリス諸島の「石工団体」が古代からもっていた数多くの写本であり、そこにはかなり空想的な伝承に基づく石工団体起源の古代性が強調されていた。この古代写本に描き出された空想的な発祥起源は十八世紀半ば以降のイギリス諸島の多数の著者を刺激し、これに基づいて数々のフリーメイスン史が発表され、「一犬虚に吠ゆれば万犬実を伝う」（一人が嘘をつくと、多くの人がそれを真実として広める）の様相が展開された。この空想的な歴史認識が改められ、研究者の目が空想から実証へ移るのは、百年以上もたった十九世紀後半であった。

しかし、ドイツの研究者は十九世紀後半にフリーメイスン史観が改められる八十年以上も前に、旧約聖書中心の空想的な歴史観に疑問を投げかけたのであった。ポール・ヴォーゲルの論文は発祥起源を、旧約聖書や古代史の中に表れるエジプトのピラミッド建設のような伝説的な「石工集団ストーリー」から切り離し、中世ドイツに実在していた建築実務の「石工団体」を発生母体とした現実的な学説であった。当時はまだダーウィンは生まれていないから、当然その著『種の起源』（一八五九年初版）は書かれておらず、多くの西欧の学者が人類の誕生そのものを旧約聖書に基づいて、約六千年以前と考えていた時代であった。

ドイツではヴォーゲルによる物証に基づく発祥起源説が発表されると、この説を支持する研究者の論説が相つぎ、ヴォーゲル説はその後、多くの研究者や学者の支持を得て、十九世紀前半にはスタインメッツエンの発祥起源説は、一時「フリーメイスン起源」の「定説」として受け入れられ始めた。

しかし、この発見から八十年ほど後の十九世紀後半になると、「スタインメッツエン起源説」に対して異論がでてきた。英米系の研究者で伝承起源説を排除して、記録に基づく実証を重視した一派の中から反論の声があがったのである。当時、すでに西欧に拡大して多数の有識者の会員を擁していた「友愛団体フリーメイスン」の発祥起源を中世の石工団体とするのには異論はないが、その母体はドイツの「石工団体」ではなく、中世のイギリス諸島で活躍した「石工団体」であるとの反論であった。

グランディディエール博士が写本などの資料を発見した当時の十八世紀後半、「友愛団体フリーメイスン」はすでにフランスやドイツ、その他の欧州諸国で多数の知識人がこれに加入していた。しかし、これらの欧州諸国に定着していた「友愛団体フリーメイスン」はその源をたどっていくと、すべて十八世紀前半にイングランドやスコットランドから欧州へ伝来したものである。ドイツの場合は、十八世紀初頭のロンドンに創立されたグランド・ロッジによって一七三〇年代にはドイツの地区責任者が任命され、この人々によってドイツにフリーメイスンが導入され、これが各地に拡大したものであることが記録によって立証された。

中世ドイツの「石工団体スタインメッツエン」がフランスやイギリス諸島の石工団体と同じように、古くから伝統や慣行をともなう団体として活躍してきたことは疑う余地がない。この団体はフランスやイギリス諸島の石工団体と類似した伝説や慣行を守り、手書きの写本などをもち、フランスやイギリス諸島の石工団体との間になんらかの業務上・技術上の交流があった可能性が高い。しかし、ドイツの石工団体はついに最後まで「建築実務」にとどまり、やがては衰えてしまった。イギリス諸島のように一般人による独自の「友愛団体フリーメイスン」が発生したり、ロッジの中に石工職人ではない一般人が加入して、団体の性格が「友愛団体」に変貌することはなかった。ドイツの研究者のフリーメイスン起源に対する発想はおおむね的を射ていたのだが、発祥地の特定を誤ったのである。

建築技術の変化

「石工」という職業は紀元前数千年の昔から存在していたと思われるが、この職業は当初から集団化せざるを得なかったものと想像される。米国の古代都市の研究者、ドーラ・ジェーン・ハムブリンは人類が偶発的な食料の採集生活に別れを告げて定住し、農耕生活を始めて、都市の原型ともいうべき集団定住生活を始めたのは紀元前八千年頃としたが、今後の考古学上の発見によって集団生活の定住開始の時期は、さらに年代をさかのぼることが予想されると述べている。初期の都市建設には居住用の家屋や簡単な神殿などの建造は住民の共同作業によったものと思われ、職業の専門化の始まったのは紀元前三千年から二千五百年頃と考えられる。

職業の専門化の始まった当初は、職業技術は親から子へ伝えられるのが自然のなりゆきであり、技術は「家業」となったものと思われる。だが、「石造建築」という職業の場合は特殊な性質をもつ素材を用いるため「家業」では作業上の必要を満たせなくなり、徒弟制度や現物などによる賃金制度のような経営形態の集団作業を採用せざるを得なかったと考えられる。

建築用の石材は堅牢で耐久性をもつという長所とともに、重量というその特性のため、取り扱いには特殊な技術をもつ専門集団を必要としたはずである。太古の人々が建築素材として用いていた木材、植物繊維、泥、日干し煉瓦などに代えて、最大の比重をもつ石材を扱うようになると、家族中心の仲間では作業上の必要に対処できなくなり、自然発生的に石工専業の集団が誕生したものと考えられる。

石工職人の間では職業上の基礎知識として幾何学が特に尊重された。人類が幾何学の初歩的な知識をもったのはかなり古い時代で、楔(くさび)形文字の時代のバビロンにおいて定理の証明はなかったが、後にユークリッドの第四十七問と呼ばれる、直角三角形の直角の二辺の二乗の和は斜辺の二乗に等しいという知識が、学生の教材や土地の測量、建築材料の計算に用いられたとされている。

しかし、何千年も後の中世の文盲の時代に入ると、欧州では一部の聖職者や知識人以外には文字が失われてしまったため、幾何学知識や建築技術は実務者の間で世代から世代へ語り伝える以外に方法がなくなった。ここに中世の石工職人が口伝によって職業上の知識の散逸を防がねばならなかった必然性が理解される。

ロマネスク様式からゴシック様式へ

中世の西欧においては十二世紀前半から四百年ほどの間、ゴシック様式の建築が全盛となった。それまでの建築の主流であったロマネスク様式では、石材の屋根の重量を半円形のアーチで支えていたため、水平面への横の圧力を支える壁側の石壁を厚くせざるを得なくなり、建造物は重厚で威厳に満ちてはいたが、採光を犠牲にせねばならず、全体に重苦しい感じがロマネスク様式の特徴であった。

これに反しゴシック様式は、屋根の重量を支えるのにロマネスクの半円形のアーチに代わって尖頭形のアーチを採用し、これによって横の圧力と釣り合いさえとれればかなりの高さにもっていくことが可能となった。この結果、肋材（リブ）を用いた穹（きゅう）

窿（りゅう）と尖端アーチは連続体となり、飛梁（フライング・バットレス）と呼ばれる一種の支え梁（はり）が建物の外部に設けられた。

これにより壁と角柱の占める面積と床面積の比率が一対十五という当時の水準を大きく越えた軽量建築が実現し、ロマネスクの閉鎖的な構造に比べて、広々と開放的で画期的な採光性を示した。ゴシック様式の特徴は、細長くそびえ立つ尖塔と採光性を代表する建築正面のステンド・グラスの丸いバラ窓で、建物内部の穹窿天井の高さも格段に進歩し、一一六三年に着工したパリのノートルダムは三四・八メートル、一一九四年のシャルトル教会堂はさらに高く三七・五メートルとなっている。

中世のゴシック様式に専従した石工団体で記録をともなった存在としてははっきりしているのは、フランスとイギリス諸島と後に統一してドイツとなる地域の石工団体だが、新しい建築様式であるゴシック建築を初めて開発し実験したのはフランスの石工職人であった。

十九世紀後半から二十世紀初頭にかけて物証に基づくフリーメイスン史を初めて提唱したロバート・グールドは、一一三五年、後にパリとなる北部のイル・ド・フランス地域でセーヌ川の中洲に世界最初のゴシック建築が建造されたと述べ、フランスの石工職人はゴシック様式の発明者と考えられている。当時としては極端に風変わりだったゴシック様式を大胆に実験し採用した、これらの石工職人はフランス的な熱狂とともに新しく開発した技術を応用し、物理的な限界にまでその強度と安定度を追究した。

ゴシック様式を発明したフランスの石工団体は「コンパニュナージュ」と呼ばれ、建築各部の応力・ひずみ・推力・反推力などを正確に計算した。だが、その技術的知識は前にも述べたように、書物に記されたものではなく先輩たちの知識や経験を記憶にとどめていたもので、技術的説明は口伝によって行われ、今日、文書には残されていない。

中世ゴシック様式を代表するドイツ・ケルンの大聖堂（1248年着工、1880年完成）

フランスの石工団体「コンパニュナージュ」から始まったゴシック様式の建築技術はイギリス諸島に伝えられ、イングランドで最初のゴシック建築の建てられたのはフランスに十五年遅れて一一五〇年だった。十一世紀の「ノルマン・コンクエスト」の後のほぼ百年の間、フランス西部とイングランドの関係はほとんど西フランスが本国で、イングランドがその植民地のような関係だった。だから、両者の間の歴史的・政治的関連を考えると、フランスの石工団体がイギリス諸島の石工団体との間に人的・技術的交流をもち、イギリス諸島のゴシック様式の発展に影響を与えたのは自然のなりゆきであったと考えられる。

十九世紀から二十世紀にかけての著名なフリーメイスン史の研究家であったヘンリー・W・コイルはその著『六世紀間のフリーメイスンリー』の中で、十二世紀から十六世紀までのほぼ四百年間にイギリス諸島で建造されたゴシック様式の建造は約一万二千におよんだと記した。四百年という期間を考慮に入れても、普通で数年、時には百年以上を要する大型建築もあったから、この建築工事に従事した石工職人の数は膨大なものであったと思われる。

中世イギリス諸島の石工職人

鋼材や強化セメントなど近代的な建築材料のない時代だから、建築作業は石材の整形・彫り・仕上げなどの工程で高度の技術を要求された。この工程に従事する石工職人は技術と資格を認められた職人にかぎられ、技術者として石工団体に所属して「フリーメイスン」と呼ばれるようになった。これに対して無資格の職人は「ラフ・メイスン（下働き）」「ヒューアー（切り出し職）」「カッター（下割り職）」「レイヤー（運び職）」などの一般労働者であり、身分・収入ともに「フリーメイスン」の資格をもつ石工職人とは区別されていた。

イングランドでは十三世紀頃から石工職人に対して「自由石（フリーストーン）の彫刻家」の表現が記述の中に残されているが、「フリーメイスン」という呼び名が初めて使用されたのは一三七六年のロンドン市の四十八業種リストの業種名の一つとして「フリーメイスンとメイスン（石工）」の表現が見られ、これが後にメイスンだけに訂正されている。

さらに、一三九六年にはウエストミンスター大会堂の建設に従事した者たちに対して「フリーメイスンと呼ばれる石工職人」との記述が残されている。この用語が最初に法令の中に使用されたのは、一四四四・四五年（当時のイギリスでは旧暦を使用していたため時として年数をダブらせる必要があった）の労働法令で、はじめは「フランク・メイスン」とされていたが、後に「フリーメイスン」に改められている。

ゴシック様式の建造にはイングランドでは十三世紀から十六世紀にかけて数十名の建築家（マスター）の名が記録されていて、著名な人物としては一四〇九年から一四三五年にかけてのロンドン橋の建造時には、普通の石工職人（メイスン）として従事していたが、後のカンタベリーの大会堂建造時には建築家（マスター）として工事完成の指揮をとったと記録されるリチャード・ビークがある。またこのカンタベリーの大会堂建造中の一四二九年には見習い（プレンティス）であったトーマス・テネハムは、後のイートン校建造の一四四八年にはマスターの補佐役（ウォーデン）となっていたことが記録されている。

このほかにも、多数のマスターやウォーデンが記録されているが、彼らは社会的にも尊敬を受け「王の建築者」と呼ばれた者もあり、中には、建築家ヘンリー・イェヴィールのように貴族の末席に列せられた者もあった。収入も著名建築家の場合は年単位で支払われ、中には年金による生涯保障を受けた者もあった。

イングランドで最初のゴシック様式の建築が始まったのは一一五〇年であったから、当時のイングランドには既にこれを建造した石工職人や石工団体が存在したはずだし、ゴシック様式の始まる以前からゴシック様式以外の石造建築を手がけていた石工職人も団体もあったはずだ。だが、初めて石工職人とその団体の存在が記録として残されるのは、ゴシック様式の建築が始まってから二世紀ほど後の傍証的な法令による。

当時の石工職人や団体に対しては初期の法令の一つ、一三五五年のイングランドのヨーク地区の管理官より発令された以下の規定が残っている。これには石工職人と一般下働き双方の就業に関する条項が含まれ、石工職人が団体としてある程度の組織をもち規制を受けていたことが確認される。

〈夏季の作業開始は日の出時で、ヴァージン・メリー教会の鐘により休憩に入り、朝食後はマスターの扉の打音によって正午まで就業する。四月から八月までの期間は昼食後、ロッジにての休息の後、晩鐘まで就業、第三鐘まではタ食のため休息、その後日没まで就業する〉

一三五〇年のイングランドの法令ではマスターの一日の賃金は最高四ペンス、ほかの石工職人は三ペンスと定められ、一四四四・四五年の法令では石工職人の賃金を飲食付きの場合は一日四ペンス、食事なしの場合は五ペンスとし、冬季はそれぞれ三ペンス、四ペンスだった。一四五〇年の法令ではやや石工職人の賃金が上昇し飲食付きで四ペンス、食事なしで六ペンスとなり、冬季はそれぞれ三ペンスと五ペンスとなっている。冬季の賃金の安いのは明らかに季節による就労時間の長短と関連しているものと思われる。また、飲食付きと食事なしとの差によってある程度、当時の生活費の推定ができる。このほかに、完成見込みのない工事の引き受け禁止の布告や石工徒弟の見習い期間を七年に定めたもの、マスターや石工職人（メイスン）の監督していない場合の一般労働者の就労禁止などがあり、この監督なしの就労禁止の項目は事故や危険防止のためと思われる。

これらの傍証的な法規により中世の石工の「団体」の存在が確認されるが、十四世紀から十五世紀にかけて石工を含む職人に対して、賃金増額目的の同盟・組合・盟約などの集団行動を規制する法令が繰り返し出されている。今日でいえば、労働団体規制法規の観があり、代表的な団体規制法令としては一四二五年のヘンリー六世による法令がある。ヘンリー六世はこの時わずか四歳だったが、法令を現代英語に直すと以下のとおりである。

「石工職人の連合と支部は例年の集会において労働諸法令を公然と無視し、国法と議会決議への違反は明白である。それゆえ国王は議会とその勧告に基づき、この種の集会を開催する連合と支部はここに禁止するもので、以後、この種の集会を開催する連合や支部は重罪とみなされ、これらの連合、支部へ参加する石工職人は身柄を拘束され、罰金刑に処されるものである」

十八世紀前半、当時の研究者によって「この布告により石工団体の集会は禁止され、石工団体は崩壊に瀕したが、禁止は建築実務の石工職人の集会のみにかぎり、団体の中にいた一般人のフリーメイスンには適用されなかった」と解釈され、さらに「ヘンリー六世は成人後にはフリーメイスン会員を承認し熱心な支持者となった」との説が唱えられた。この説はその後長期にわたって多数の研究者の支持を得た。しかし、この布告の出された十五世紀前半に、石工職人でない一般人のメイスン会員が存在したとする説には大いに疑問がある。ヘンリー六世の入会説にも何の証拠も見当たらないからこの説には信憑性が少ない。

のちの十九世紀後半になると、前述のロバート・グールドは「この布告は当初『石工団体の支部とその集会の禁止』と解釈されたがこれは中世英語の解読の誤りで、『石工職人の違法な集会への参加を禁止』したものであり、石工団体そのものを禁止したものではない」との解釈を発表した。その後も石工団体の建築活動がこの法令により影響されたように見えないところから、グールドの見解は正しいものと考えられている。

一方、スコットランドでは、一五九八年と一五九九年の二回にわたって、ジェームス六世の主務管理官（マスター・オブ・ワークおよびジェネラル・ウォーデン）であったウィリアム・ショウにより石工職人団体のロッジ・マスターたちの意見や勧告を聴取した上で、王の認可のもとにスコットランド全土の石工団体に対してショウ法令が布告された。一五九八年のショウ法令は、古代からの石工に対する訓戒をはじめとして、職人の組織、労務管理、ロッジの運営などを規定しているが、翌年の一五九九年に再び石工団体に対して発令された法令も同じく主務管理官ショウによるもので、この翌年に出された法令は各地のロッジの間の管理権の調整に主力をおき、職人やロッジ役員の規則違反に対する罰金など細目も定めている。これらのショウ法令の内容については後に「スコットランド」の項で詳述する。

ドイツで初めてのゴシック建築はフランスやイギリス諸島よりも遅れて一二三五年だったが、ドイツの石工団体だった「スタインメッツエン」もイギリス諸島と似た伝承の手書き写本をもち、この一つが後にストラスブルグで発見されて、前述のポール・ヴォーゲルの中世の石工団体起源説の発端となるのだが、ドイツの場合、最も古い写本は一四五九年に書かれている。内容はイングランドやスコットランドと同様に兄弟愛、共助と救済、相互の敬愛、公正な行動、名誉の尊重、完成困難な工事の引き受けの禁止、不行跡、賭博、虚偽の戒め、秘匿（ひとく）事項の遵守（じゅんしゅ）などに関する訓戒が含まれ、宗教も同じくキリスト教を信奉している。

　イングランドやスコットランドの手書きの写本については、後に詳述するが、これらの類似からドイツの石工団体が当時のフランス、イギリス諸島など近隣地域の石工団体との間に、相互になんらかの人的・技術的な交流をもっていたものと思われる。イングランドやスコットランドでは石工職人の集会施設は「ロッジ」と呼ばれたが、ドイツの集会施設は「フウート」または「フウーテ」と呼ばれ、イギリス諸島の場合と同様、休息、作業、訓練、討論、飲食、宿泊などに利用されていた。だが、その民族性からかイギリス諸島にみられる規則や教訓に比べて、ドイツの方がやや組織的であり、グランド・ロッジといえないまでも、ストラスブルグを中心とした中央集権的な管理機構を備えていた。しかし、イギリス諸島やフランスの場合と同じく十六世紀以降は宗教改革やルネッサンスの影響を受けた建築様式の変化のため急速に衰微している。

　ただ不思議なのだが、これらの各地に拡がった「ゴシック」という建築様式の呼び名がどこからきたのかは明確ではない。ラテン語の「ゴート風」を意味する「ゴシック」の名称は一時期、欧州南部に実在したゲルマン系の蛮族を祖先とする「東ゴート帝国」「西ゴート帝国」とはまったく関係がない。これらの二つの帝国はゴシック様式の始まる少なくとも五百年以前には消滅している。一説には、後のルネッサンス期のイタリア人たちがゴシック様式をゲルマン系蛮族のように野蛮であるという軽蔑の意をこめて呼んだといわれるが確証は見当たらない。

以下にイギリス諸島各地の十八世紀末頃までの、石工団体の動きを展望してみる。

イングランドの石工ロッジ

中世のイギリス諸島では普通の職業団体は「ギルド」として、各地の地方自治体の認可の下にその業種の独占的営業特権をもっていた。一方、石工団体の場合は建築技術の独占と、昔から自称してきた、古代国王より与えられたと称する特権により、「ギルド」となることはなく、「ロッジ」と呼ばれた設備をその本拠として、地方自治体の管理下に入らず独自の存在となっていた。全イギリス諸島を通じてこの特権の、ただ一つの例外はロンドンにあった「石工会社」で、これはロンドン市から認可を受けた「ギルド」であった。

「ロッジ」という語の本来の意味は「休息または隠棲の場所」であって、この語はわが国では今ではゴルフ・クラブくらいでしか使われないが、一三二〇年のウエストミンスター寺院には石工職人の「ロジ」（この頃の記述にはまだ「ロッジ」という言葉は使われてはいない）の清掃のために人を雇い入れた旨の記録があり、一四九一年のスコットランドの法令にも石工職人の就労時間に言及していて「四時からは『ルジ』（これも別の綴り）内にて半時間の休息をとり」との記述が残されている。

当時のロッジは普通、工事現場近くに建てられ、住居としての機能以外に内部で設計や工事の打ち合わせ、石工作業、入会宣誓の集会などが行われていたと考えられるから、今日の工事現場と作業場、宿舎と集会所を兼ねたような施設だった。のちには石工職人たちもロッジ外に居住するものが多くなったが、石工職人団体の技術的な閉鎖性のため、集会の場合には秘守宣誓をした石工職人だけがロッジ内に入室できた。資格をもたない職人や下働きなど合言葉を与えられていない者は集会に参加できなかった。

十四～五世紀の頃、「ロジ」や「ルジ」は藁ぶき屋根の小屋が多かったが、この屋根を「ヘイルする」（「覆う」あるいは「もらさない」の意の古語）を語源として、今日のフリーメイスンで普通に用いられる秘匿事項を「ヘイル（hele・古代英語）する」（ほかにもらさない）の表現が始まっている。

後に大型の建造物を手がけるにつれてロッジ用としてよりよく整備された建物が用いられるようになり、屋根も瓦ぶきに変わっていく。この瓦ぶきは英語では「タイルされた」と表現され、ここから現在、これもメイスン会員間の特殊用語として、日常的に用いられる「タイルされたロッジ」（警護者により正しく警護されたロッジの意）

との表現も生まれた。ともにこの頃の古い英語が語源である。本拠を意味するロッジという語は後には「集会所」や、さらに転じて「メイスン団体」そのものを意味するようになっていく。

中世の石工の団体は二つの階級に分かれていて、新たに加入が認められると、イングランドでは新入りを「プレンティス」（見習い）と呼び、入会式があってここで宣誓し訓戒を与えられた。宣誓は今後与えられる職業上の技術知識を外部へもらさないことと、ほかの石工団体を訪問したり就職を希望する場合に必要となる職業上の資格を証明する識別方法を秘密とすることへの宣誓であり、訓戒は今後の同僚との共同作業や共同生活に必要な礼儀、心がけ、生活態度に関するものであった。

やがて最低七年間の見習い期間が終わり技能試験に合格すると、初めて「フェロー」（職人）と呼ばれて一人前と認められた。この二階級に、後の十八世紀前半になって第三の階級である「マスター・メイスン」が加えられるが、これ以前の中世の石工の間にあったのは二階級だけで、「フェロー」の中から技能にひいで、指揮能力をもち、ほかの仲間を指導して建築業務を引き受ける意欲をもった者はロッジの「マスター」に選出された。

したがってフェローとロッジ・マスターの間には身分的な違いはなく、マスターはいわばフェロー代表であって、建築実務や設計上の監督権限以外はフェローとマスターは同格であり、時には同義語として用いられていた。見習いは入会時に秘匿事項を与えられたが、以後、昇格は必要とされる七年間の修業期間と技能試験の結果のみで、入会後は見習いのうちから先輩のフェローやマスターと一緒に集会や儀式に出席することができたが、フェローやマスターの同行なく単独でほかのロッジを訪れたり職を求めたりすることは禁じられていた。

イングランドでの数少ない記録を残したロッジは、以下の二つのロッジである。

◎アニック

イングランドでただ一つ残されていた建築実務ロッジの十八世紀の記録が、イングランド北方の町アニックにあった。記録といっても実際には古代写本の一冊にすぎないのだが、この写本には「一七〇一年九月二九日の集会にてアニック・ロッジ会員により採択されたる規定」と表記があり、規定違反の場合の罰金徴収係としての二名のウォーデン（ロッジの管理担当者）が任命されたことが記されている。このロッジが写本の残された一七〇一年より以前から存在していたのは間違いないが、この記録から六十年ほど後の一七六三年には閉鎖してしまった。しかし閉鎖にいたるまで、当時のイングランドでは唯一の例外的な建築実務のロッジとして存続し続け、ついに最後まで一七一七年にロンドンで開設したグランド・ロッジの傘下には入らなかった。

◎ヨーク

ことの真偽はさだかではないが、ヨークシャー地方の中心に位置するヨークの町は十世紀頃に古代の石工団体の総会が開かれた場所として数多くの伝承が記録に残されている。ある古代写本には総会の場所がヨークの町との明記はないが、「総会の会場から十哩（マイル）以内に所在する石工会員はこれに参加せねばならぬ」と記されている例もある。後の十八世紀半ばにヨークのロッジから六冊の古代写本がまとまって発見されたり、一三五五年のヨーク管理局発行の建築関係者への作業指示などもあり、同じ管理局から石工職人と大工職人のマスターに対して古代慣行遵守の誓約を定めている点などを考えると、かなり古くからこの地方の石工団体の中心的存在だったと思われる。

このロッジの最古の議事録は原本が失われ現存するのは写しだが、一七〇五年から始まっている。この年のヨーク・ロッジのマスターは準男爵サー・ジョージ・テンペストである。一七〇七年にはヨーク市の市長がロッジ・マスターに就任しているところを見ると、ロンドンにおける一七一七年のグランド・ロッジ創立にさきがけて、この地方の有力者の支持を得て、グランド・ロッジの創立以前に建築実務から「友愛団体」に変化し、「象徴メイスン」として活発に活動していたものと思われる。

最古の資料はロッジ記録ではないが、古い時代のマホガニーの定規が残されていて、「一六六三年、ヨークのウィリアム＝バロン、ヨン・ドレーク、ヨン＝バロン」の刻みが残されているから、このロッジの前身は建築実務の石工ロッジであったにちがいない。

イングランドには前述の唯一の建築実務のロッジであった「アニック」と、例外的に石工団体から一般人によって引き継がれたと思われる「ヨーク」ロッジを除いては、ロッジの記録は発見できない。古代写本は数多く見いだされるのに石工ロッジの記録の発見されないのはいかにも不自然である。この不自然さから、今日の大多数の研究者の見解では（立証はできないが）、イングランドにおいてほとんどの石工のロッジが早くに消滅してしまい、十七世紀か、もしかすると十六世紀後半頃から一般人によるロッジが各地に出現し、「聖ヨハネ・ロッジ」（セインツ・ジョン・ロッジ）と呼ばれ、古い石工時代のロッジの記録はほとんどが散逸してしまったものと思われている。

次にスコットランドのロッジの模様を述べるが、スコットランドとイングランドのメインスンリーはそれぞれ異なる道を歩んで「石工団体」から「友愛団体」へと変貌したようである。しかし、石工団体の時代にはスコットランドとイングランドとの間には少なくとも細い交流の糸がつながっていたことは間違いない。

スコットランドの石工ロッジにも後述する「古代写本」がみられるが、写本はすべて例外なくイングランド起源で、その主題は常にイングランドを舞台としている。このイングランド起源の写本がスコットランド各地に発見されることからみて、双方の間に交流のあったのは明らかである。しかし、歳月の経過とともに次第に両者の変化の過程の違いが拡がっていったように見える。同じブリテン島という一つの島にありながら異なる枝をたどった主原因は、両者の間に横たわるチェビオット丘陵によって隔てられた中世の交通事情にあったものと考えられる。

スコットランドの古いロッジ群

スコットランドの石工団体のロッジには十七世紀以降、貴族や知識人が加入し始めたことが記録されている。最初は名誉職的な存在であったものと思われるが、次第にその数が増え、長い年月を経て団体の性格が徐々に建築実務から友愛団体に変貌したようである。

文盲の時代が終わると、ロッジに残された記録には書記役（セクレタリー）に任じられた者が集会のたびに議事録や建築実務の内容、集会決議や所属の石工職人の関連事項など、団体運営に関するさまざまな出来事を記録し、ロッジのたどった足跡が実務的に記述されている。

ロッジの記録が発見されるのはほとんどの場合がスコットランドである。スコットランドのロッジの記録は十六世紀末まではわずかな例外を除いては、工事実務や石工職人に関連する実務的記録であったが、十七世紀初頭からは実務の工事関連記録にまじって次第に一般人の記録が表れてくる。

イングランドの場合は今日残されているロッジの実務関連の記録類は、スコットランドに比べるとほんのわずかであり、アイルランドでも一七八〇年以前のロッジの記録は一、二の例外を除いてはほとんど失われているから、「ロッジの記録」に関するかぎり、スコットランドのロッジは今日のわれわれに石工職人の活動についての豊かな情報を与えてくれている。

十七世紀半ば以降のスコットランドの記録はロッジが「建築実務の石工団体」から今日の友愛団体の「象徴メイスンリー」へ変貌した道のりをそのまま示していて、数多くの記録が残されたが、主なものとしては以下がある。

◎マザー・キルウィニング

スコットランドの西海岸、エアシャー地方にある「ロッジ・マザー・キルウィニング」は現在、スコットランド・グランド・ロッジからは最古の順番を表す「ナンバー・0」の番号を与えられている。しかし、このロッジのほかにもいくつかのロッジにその古代性を示す証拠があるから、キルウィニングが本当にスコットランドで一番古いロッジであるかどうかには疑問が残る。

1599年の「ショウ法令」の一部
（スコットランド）

このロッジに保存されている一番古い記録は一六四二年までさかのぼり、その後は途中、中断はあるが一七五八年までほぼ連続している。直接証拠ではないが傍証的な証拠でキルウィニングの存在に言及している一番古い記録は前述した「一五九九年のショウ法令」である。

法令はキルウィニングよりの請願にこたえて、王室より当時のスコットランド西部における石工団体ロッジに対する主導権を認めたものだから、このロッジが十六世紀末以前に存在していたのは間違いない。しかし、ほかのロッジにもその古代性を思わせる数々の証拠が残っているから、この記録だけでキルウィニングが最古のロッジであると主張することはできない。

伝承によれば、このロッジは一一四〇年のキルウィニング修道院建設にあたって創立されたとなっているが、この証拠をともなわない伝承以外には一一四〇年当時の活動を示す記録は見当たらない。

しかしその反面、ロッジの名についている「マザー」という言葉は、このロッジが古くからほかのロッジを支部として認可する「母体」の機能をもち、それらの傘下ロッジに「キルウィニング」の名を用いることを許可していたことを示している。「キルウィニング」の名前をつけたロッジはスコットランドには二十以上ある。その他、米国のバージニア州に二ロッジ、アイルランドにも一ロッジがあって、一七三六年のスコットランド・グランド・ロッジの創設にあたり、このロッジも傘下に加入した。だが、当初、エジンバラの次の「ナンバー・二」の順位を与えられ、主としてこれが不満で一七四三年にはグランド・ロッジを脱退した。一八〇七年、再度傘下に戻ってきたが、今度は最古のロッジであるとの強硬な主張が入れられて、ロッジ・リストの一番はじめにおかれ「ナンバー・０」のロッジ番号を与えられた。

しかし、一八六一年になると「一五九九年のショウ法令」が発見され、法令はスコットランドにおけるロッジの間の順位に言及していて、このロッジとエジンバラその他のロッジとの関係への言及もある。十三項目から成り立っているが、その中の関連項目は以下のとおりである。

(一) スコットランドの頭にして第二のロッジとしてキルウィニングのウォーデンはキルウィニング地域およびその教会区内において全関係地域を管轄し管理状況を主務官に報告する。

(二) スコットランドの全ロッジの古代より継承せる自主独立性を考慮しキルウィニングのウォーデンはクリディースデール、グラスゴー、エア、カーリック地区のウォーデン選出に立ち会い、グラスゴーを含む西部地区のウォーデンを招集する。地区内ロッジはキルウィニングのウォーデンおよびディーコンに従属する。

(三) 主務官は管理上の理由によりエジンバラをスコットランド第一でありかつ主要ロッジと認め、キルウィニングは古代記録に従って第二、スターリングを第三ロッジと認定する。

(著者注：第四項と第五項は本稿と関連がないため省略)

(六) スコットランド第二のロッジとしてキルウィニングのウォーデンは六名のマスターおよび熟練職人を選出し地域内にて石工職人の技術資格審査を行う。

（七）第二のロッジとしてのキルウィニングのウォーデンおよびディーコンは古代規律に従わぬ者を除名、追放処分とする権限を有する。

（著者注：以下、第十三項までは本稿と関連がないため省略）

キルウィニング・ロッジはこの法令の中、一カ所で「スコットランドの頭にして第二のロッジ」と呼ばれ、その他、数カ所において「スコットランド第二のロッジ」と述べられている。エジンバラを「管理上の理由によりスコットランド第一であり、かつ主要ロッジ」と認め、さらにキルウィニングを「古代記録に従って第二」としているが、この法令に対しても種々の解釈がある。

前述のロバート・グールドは、この布告によってキルウィニングの最古のロッジであるとの主張は完全に覆されたと述べているが、これに対して法律家であったヘンリー・W・コイル（一八八五〜一九七四）はここに述べられた順位はロッジの古代性ではなく、単に管理上の格付け順位を示していて、エジンバラにせよキルウィニングにせよ、古代性の決定的な証拠とはいえず、さらにこの両者以外の第三のロッジが最古である可能性も否定できないとした。また、「スコットランドの頭」という表現も、地方的な指導的ロッジの意味とも考えられるし、少なくともこの法令は、スコットランドのロッジの古代性の決定的証拠あるいは傍証とはなりえないと見るべきであると結論している。この法令の古代性解釈に関しては、コイル説が正しいように見える。

キルウィニングのロッジ記録に、初めて非実務の一般人の名前が記録されたのは、一六七二年のキャシリス伯爵である。この人物の入会記録は発見されないから名誉職的な立場にあったのかもしれないが、主要役員であるディーコン（ロッジの管理補佐役）に選出され、このほかにも一六七七年にはエグリント伯爵のアレクサンダーが主任ディーコンに選出されている。しかし、この頃、貴族は実際のロッジ運営には携わらなかったように見える。

その後、ロッジでは一般人会員が次第に増加し、石工職人は減少の一方だったが、少なくとも一七二五年までは、非実務の一般人の会員にまじって石工職人が所属していたことが判明していて、以下の記述が残っている。

一七二五年十二月二十日のロッジの記録に二名の石工職人に規則違反があり、その罰として二人が悔悟の念を表明するまでは職を与えない旨の決議があった。しかし、二年後にはこの二人がロッジに現れて、謝罪の意を述べ許されたことが記されており、一七二五年の記述を裏付けている。

◎エジンバラ

エジンバラのロッジに残されている最古の記録はショウ法令と同じ年の一五九九年

だが、ラテン語で「一五九九年の七番目の月の最後の日」と記されたこの日、ある石工職人が資格のない職人を助手として煙突工事に雇い入れたため、罰を受けた旨が記録されている。さらにこれ以後の百数十年間の記録にも、このロッジに実務の石工職人の会員がいたことが明瞭に示されている。

もちろん、前述のキルウィニングのロッジの場合と同じで、一五九九年以前からエジンバラ・ロッジが存在していたことは確実だが、このロッジにはこのほかにも古代性を暗示する数々の証拠が残され、現在でもスコットランドのメイスンリーの中核的存在であるとみられる。

石工職人でない非実務の地方紳士（ジェントリー）に関するこのロッジの最初の記述は一六〇〇年で、六月八日にオーキンレックの領主ジョン・ボズウエルがロッジに「出席」し、ウォーデンであったジョン・ブラウンという人物の規定違反の罰について意見を求められたことが記録されている。ボズウエルは証人的立場で出席したものと思われ、これ以前に入会の記録はみられない。これ以後の集会などへの出席記録もみられないが、ここに述べられた出席の記録は、一般人と石工職人団体との直接の関連の世界で一番古い記録である。一六〇〇年というとロンドンではシェークスピアの作品が盛んに上演されていた頃で、わが国では関ヶ原の戦いのあった年である。

このロッジへの一般人の「入会」の最初の記述は一六三四年で、アレクサンダー公と、国王のマスター・オブ・ワーク（管理官）であったアントニー・アレクサンダーおよびサー・アレクサンダー・ストローン（またはストラケン）の三名の「入会」が記録されている。この後、数年おきに貴族や政府高官の入会が記録され、ロッジの建築実務を示す記述も一七〇九年までは続いている。

◎メルローズ

スコットランド南部の町メルローズにあるロッジの記録は途中、絶えることなく一六七四年から現在まで続いている。このロッジはスコットランド・グランド・ロッジ開設の一七三六年から百五十年ほど経った一八八五年までは、グランド・ロッジの傘下に入らず独立していた。その後やっとグランド・ロッジの傘下に入ったが、もしかすると、このロッジはエジンバラに次ぐ古いロッジであった可能性が考えられる。

メルローズに現存する修道院跡の壁にはほとんど消えかかっているが、かすかに読み取れる銘文がある。伝承では一一三六年頃に刻まれたといわれるが、専門家の鑑定によると、十四世紀以降のものであるとされている。銘文は「パリ出身のジョン・モロー、石工職人を監督指揮し、グラスゴー、メルローズ、パスレイ、ニディースデール、ガルウエイに教会を建設す」と記されている。これにより、モローはフランスからスコットランドへ建築技術を伝えたマスターの一人であったと思われるが、真偽のほどは明らかではない。しかし、たとえ銘文が十四世紀以降のものであるとしても、このロッジが現存する修道院を建造したとすれば、メルローズのロッジがかなり古くから存在していた可能性は否定できない。

スコットランド、メルローズの修道院跡。14世紀のフランスのマスターの銘文が残されている。

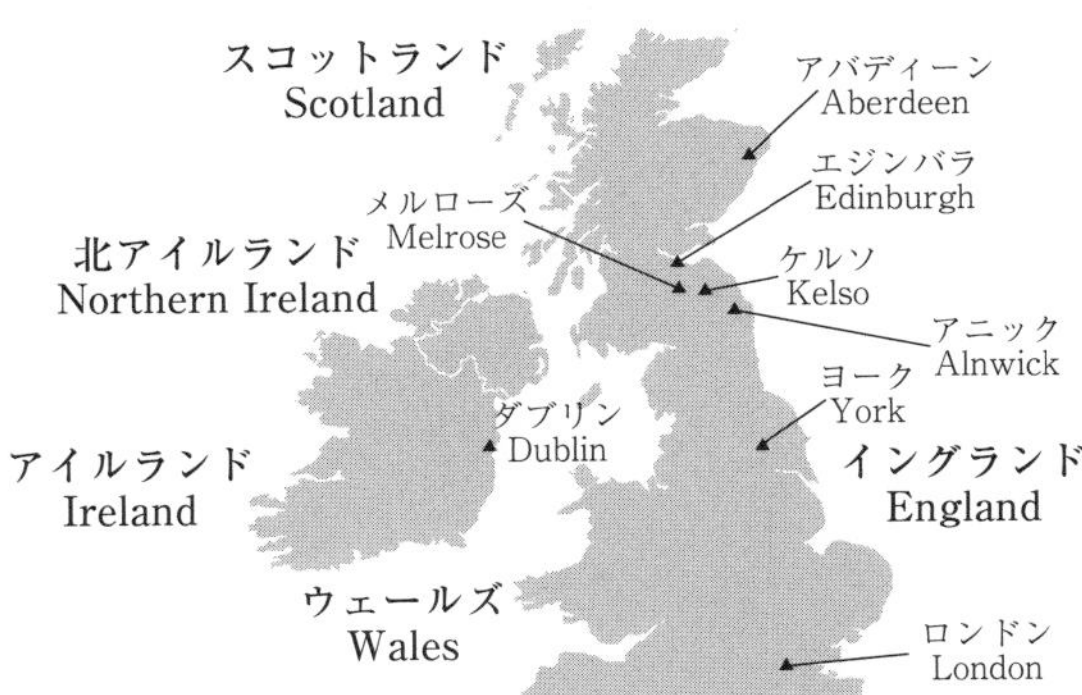

イギリス諸島における主要ロッジの所在地

◎アバディーン

スコットランド北東の海岸に位置するアバディーン市当局の公文書は一三九九年以降、今日まで連続して保存されているが、その中の一四八三年の記録に町の教会建設に従事した石工ロッジのマスターと六人の職人の紛争に関する言及がある。また一四九三年にも市当局の記録は、石工職人の忠実な作業に関するロッジ内の誓約にふれている。

ロッジに残されている記録は一六七〇年から始まっているが、アバディーン市当局の訴訟関係文書にはアバディーンのロッジの封書印であるシールが残され、一五四一年五月六日の日付となっている。スコットランド・グランド・ロッジでの順位は当初は三十四番目だったが、現在は「ナンバー・一の三」に訂正されている。現存の物証に基づくかぎり、このロッジの起源はかなり古い可能性が高い。

アバディーンに現存する大会堂は一三五七年の建造で、二百年ほど前からそこにあった小さな会堂を壊して建てたものだが、現在の建物の基石には明らかに石工職人が残したものと思われる「個人マーク」を見ることができる。また、アバディーン・ロッジの規約は一六七〇年に作られ、現存している。規約は当時の全所属会員により署名されていて、名前の後に鍵型、三角、十字、星型などの署名者のマークが記され職業も書かれている。

これを見ると一六七〇年当時の四十九人の署名者のうち、建築実務の石工職人は全体の四分の一に満たない十二名にすぎない。ほかは教師兼収税吏一人、商人九名、ジエントリーと貴族が五名、三名の牧師、石工以外の各種の職人十七名、弁護士一人、数学教師一名となっている。名前の後には「ここに本規約署名者はフェロークラフトとなった順位により記載す」とあり、前述の教師兼収税吏と記録されている人物が最初に署名していて、これを最古参とすると一六七〇年の何十年も前に入会していたのかもしれない。もしかするとこの人物は石工団体へ加入した初期の一般人会員の一人であったのかもしれない。

また、署名と個人マークを残した九名の商人のうち、二十七番目に署名しているスキーンという人物は、一六八二年に北米ニュージャージーへ移住したことが記録されている。もしこの記録に誤りがないとすれば、この人物は新世界アメリカ植民地に記録された最初のメイスンである。

（補稿――石工のマーク）

中世石工職人の慣行として、自分の取り扱った石材に自分のマークをつける習慣があった。

太古にさかのぼるとカルデア人、アッシリア人、バビロニア人、エジプト人など

7. JOHN ROLAND : *Measson : and Warden : of : our : Lodge.*
And yᵉ first Warden of our Lodge.
[*John Ronald.*]

8. DAUID MURRAY : *Measson.*
David Murray, Key Master, 1686-7 and 8.
[*David Murray in 1693 Master.*]

9. JOHN CADDELL : *Measson.*
[*John Cadell.*]

10. WILLIAM : GEORG : *Smith : and Measson* : and *Maister : of : our : Lodge.*
[*W. George.*]

11. JAMES : ANDERSON : *Glassier and Measson : and Wreatter of this Book, 1670.*
[*And Master of our Lodge in yᵉ year of God 1688 and 1694.*]

12. JOHN : MONTGOMERIE : *Measson : and Warden : of : our : Lodge.*

13. THE : EARLE : OF : FINDLATOR : *Measson.*

14. THE : LORD : PITSLIGO : *Measson.*

15. GEORGE : CATTANEUCH : *Piriuige : Macker : and : Measson.*

16. JOHN : BARNETT : *Measson.*

17. MR WILLIAM : FRASSER : *Minister : of : Slaines : and : Measson.*

18. MR GEORG : ALEXANDER : *Aduocat : in : edinburghe : and : Measson.*

19. ALLEXANDER : PATTERSON, *Armourer : and : Measson.*
[*And mᵗ of our Lodge in the year of God 1690 + 1692 + 1698.*]

20. ALEXANDER : CHARLES, Yonger', *Glassier : and : Measson.*

21. JAMES : KING : *Wrighte : and : Measson : and : Theassurer of our Lodge.*

22. Maister : GEORG : LIDDELL, *Professor of Mathematickes.*

23. Mr ALEXʳ IRUING : *Measson*

24. WALTER : SIMPSON : *Piriuige : Macker : and : Measson.*

25. WILLIAM : RICKARD : *Merchand & Meason : and Treassurer : of : our : Lodg.*

26. THOMAS : WALKER : *Wright and : Measson.*

27. JOHN : SKEEN : *Merchand : and : Measson.*

28. JOHN : CRAURIE : *Merchand : and : Measson.*

29. WILLIAM : YOUNGSON : *Chyrurgeon and : Measson.*

30. JOHN : THOMSON : *Chyrurgeon : and Measson.*

31. EARLE : OF : DUNFERMLINE, *Measson.* [1679.]

32. EARLE : OF ERROLLE : *Measson.*

33. JOHN : GRAY : *Younger : of Chrichie and Measson.*

34. Mr GEORG : SEATTON : *Minister of Fyvie : and Measson.*

35. GEORG : RAIT : of : Mideple : *Measson.* [1679.]

36. JOHN FORBES : *Merchand : and : Measson.*

37. GEORG : GRAY : *Wrighte : and : Measson.*

38. JOHN DUGGADE : *Sklaiter : and : Measson.* [1677.]

39. ROBERT : GORDON : *Carde : Macker : and Measson.*

40. PATRICK : NORRIE : *Merchand : and Measson.*

41. JAMES : LUMESDEN : *Merchand : and : Measson.*

42. JOHN : COWIE : *Merchand and Theassurer of our Lodge.*

43. ALLEXANDER : MOORE : *Hook : Macker : and : Measson.*

スコットランドのロッジに残された1670年の会員のマーク
（マーク以外は後年の印刷）

古代文明の建築関係者は当時の建築の主材料であった日干しレンガに王や神の名前、動物、天体などを記し、また中世の各業種のギルドにおいても十二世紀以降、金物職人、織物職人、鍛冶(かじ)職などほとんどの業種において、それぞれの製品に製作者のマークをつけるように定められていた。

石工職人の場合も、建築用石材には工作した個人それぞれ特有のマークをつける習慣があった。しかし、石材の場合は表面や裏側のマークはモルタルにおおわれてしまうことが多く、なんらかの理由で石材が動かされないかぎり人目にふれることは少なかったようである。

しかし、ヘンリー・W・コイルはイギリスとフランスの多くの建物にこのマークの見られることを述べていて、石材に残されたマークの場合は普通は直線による各種マークで、砂時計型や星型、ローマ字に似た型も多いという。これらのマークが職人の名前に関連したしるしの一種とは考えられず、まれには靴底の型が残されることもあり、ある大会堂には一層目の石材には一個ずつ、二層目には二個ずつ、三層目には三個ずつの靴底型のマークがつけてあるのがみられる。時には一つの石材に二種類のマークがみられる場合もある。二種類のマークの場合はおそらく製品の検査をした職人がマークを追加したためであろうとヘンリー・W・コイルは述べている。

しかし、これらのマークに象徴的な意味があったとは思われない。これは製作者個人の製品識別の目的で、石工に対して作業後に支払われる賃金に関連したマークが慣習化したものと思われる。スコットランドではマークが前述のロッジ記録にみられるように、実務・非実務双方の会員の個人識別目的に用いられ慣行化したものと思われる。

一八四一年刊行の『ビルダー（建築者）』の著者ジョージ・グッドウィンはこのマークに関して、フランスのある古い教会を訪れた時、石材にマークを発見し、そのことを居住する牧師に指摘すると、牧師はそれまで何十年もその教会に住んでいながら気づかなかったと語り、それから後は教会中どこへ行っても石材にマークが残されているのに気づいたと述べていたことを記している。

◎ケルソ

エジンバラの南東、ほとんどイングランドとの境界近くに位置するケルソのロッジに残されている一番古い記録は一七〇一年のものだが、これ以前の一六五二年、ロッジの会員であった聖職者ジェームス・アインスリーという人物が、エジンバラ大学の教授として迎えられることになった。ところがこの人事に対して、フリーメイスン会員であるとの理由で反対が起こり、大学側がケルソの長老教会に意見を求めた結果、教会から次の書面回答があった。

〈その言葉（メイスンの合言葉）には不正な意図は認められず、清純となった今日の教会（著者注：一五六〇年頃のスコットランドにおける宗教改革による国教会化を意味するものと思われる）においては、その言葉を知っている石工職人たちは教会へのまめな出席、その他、数多くの貢献があり、問題の聖職者教授も日頃より教会集会に参列していて、当教会としては大学への就任になんら異存も支障もない〉

これにより、少なくとも一六五二年以前（もしかすると、スコットランドに国教会による宗教改革のあった一五六〇年頃にまでさかのぼるかもしれない）のケルソにロッジがあり、石工職人も聖職者もともにこのロッジに所属していたことが傍証される。このロッジには十八世紀に入っても、一七〇五年までは実務の石工職人が所属している。

古代訓戒写本

すべての石工団体がもっていたわけではないが、多くの石工団体はその本拠であるロッジに伝説と訓戒の手書き写本をもっていた。この写本は十八世紀以降、十九世紀前半までのフリーメイスン発祥起源説に強い影響を及ぼした。一番古いものはイングランドで発見され、一三九〇年頃に書かれたものとされ、現在、百十三冊が発見されている。

この古写本の存在は十六〜七世紀頃から知られていたが、十八世紀に入ってロンドンのグランド・ロッジの二番目の憲章が一七三八年に発表されると、その中に各地のロッジが中世からもっていた古代写本が「ゴシック憲章」の名称で紹介された。しかし、各地で発見される写本には「憲章または組織（コンスティテューション）」という名称から連想される法体系的な記述がほとんどみられない。そのため、今日では研究者の間で「古代訓戒写本（オールド・チャージ）」と呼ばれるようになった。

この写本は石工団体が自称する伝説的発祥起源と道徳律への訓戒の文書で、書物の場合もあれば巻物の場合もある。現在、発見されている百十三冊にはかなり似通ったものが多いが、そのうち三十冊以上は「写本」と呼ばれてはいるものの、実際には手

THE CONSTITVTIONES
of Masonrye

follio . i.

THE mighte of the father of heaven, with the wisdome of the glorious Sonne, throughe the grace of the holie ghost e three persons and one god be with vs at our beginninge, and giue vs grace to governe vs here in this life, that we may come to his blisse that never shall haue end. Good bretheren and fellowes, our purpose is to declare to you, how and in what manner this worthie Science of Masonrie was begun, and afterwards how it was founded by worthie kinges and princes & divers other worshipfull men. And also to them that be heare wee will declare the Charges that belongeth to every true Mason to keepe. Therefore take good heede: it is well worthie to be well kept for a good Crafte and curious Science, for there be 7 liberall Scyences, of the which this is one of them. And theis be theire names hereafter followinge.

Masonry first founded.

The 7 liberal Scyences

Gramer — The first is Gramer which teacheth a man to speake trulie, and to write trulie.

Rethorick — The second is Rethoricke, which teacheth a man to speake faire in subtill termes.

Logicke — The third is Logicke which teacheth a man to discerne or know truth from falsehood.

Arithmetick — The fourth is Arithmetick which teacheth a man to Reccon and accoumpt all manner of numbers.

Geometrye — The fifte is called Geometrye which teacheth a man to Meate and Measure the Earth, and all other thinges the which Science is also called Masonrie.

Musick — The sixte Science is called Musick which teacheth a man the craft of Songe and voyce of tongue, organ, Harpe and Trumpett.

Astronomie — The seaventh Science is called Astronomie which teacheth a man to know the course of the Son and Moone and

1610年の「ウッド古代訓戒写本」の教養７科目の説明
（イングランド・ウースター市所蔵）

書きではなく、十八世紀以降に印刷されたものである。ほとんどがイングランドで発見されたが、一部はスコットランドでも発見されている。

「古代訓戒写本」にはほとんど日付がつけてあるが、団体の起源と古代国王の認可を強調することにより、ロッジの権威を高め、国王認可による既存の特権を主張しており、新入会員への教育資料としてつくられたものと思われる。初期の写本の書かれた時代には聖職者や一部知識人を除いてはほとんどが文盲であり、また内容に強く聖書の影響のみられるところから、石工職人の依頼によって聖職者が記述したものと考えられている。

建築実務の石工職人の活躍した時代には、多数の写本がイングランドとスコットランドのロッジに所蔵されていたと思われるが、その後、ゴシック建築の衰退とともにロッジの閉鎖などにより散逸した。現在の写本の所在地は必ずしも古代の保管地とは一致しない。

写本のうち十数冊は、スコットランドのロッジに所蔵されていたが、イングランドにおいて最古の「リージャス写本」が発見されていることや、スコットランドで発見された写本でも伝承の内容が例外なくイングランドを舞台としていることなどから、これらの写本がイングランド起源であるのは間違いない。ロッジの権威を高める目的と石工の道徳律指導のため、イングランドより入手したものと思われている。

◎リージャス写本

この最古の写本には日付が入っていないが、一三九〇年から一四〇〇年頃のものと鑑定され、「リージャス写本」と呼ばれている。しかし、この最古の「古代訓戒写本」が発見されたのは、書かれてから四百年以上も後の一八九三年で、メイスン会員ではなかったが、古事研究家のJ・O・ハリウエル＝フィリップス博士が大英博物館で資料調査の最中に偶然、この写本が「道徳律詩歌」に分類保管されているのを発見した。

縦横五×四インチで、ロシア皮でカバーされた上質羊皮紙に書かれていて、七九四行よりなり、この写本は最初「ハリウエル写本」と呼ばれていた。しかし、国王の博物館において発見されたため、のちに「王権」を意味する「リージャス」と呼ばれるようになった。

題名はラテン語で「ユークリッドによる幾何学技術の体系的記述」と記されてあり、内容は石工職人団体の伝説的歴史、道徳律、礼儀、心得、規約などを含み、次の六主題に分かれている。

（一）石工職人団体の伝説的発祥起源
（二）マスターと職人の心得
（三）集会規則

（四）聖なる殉教者の伝説
（五）教会における所作心得
（六）品行への訓戒と礼儀心得

このうち第四の「殉教者」の伝説は、イギリス諸島で発見された百十三冊の写本のうち、リージャス写本にだけしかみられない。だが、ドイツの石工団体、スタインメッツツエンには同じような殉教者の伝承を記した写本があり、古くから両者の間の交流があったことが想像される。以下、第一項の「伝説的発祥起源」の一部を紹介するが、この「発祥起源」は「詩文」の形をとっている。

〈ユークリッドは賢明にも、
エジプトの地に幾何学の集団をつくり、
エジプトにてすべてを伝授し、
集団のこの地へ移る以前、
探求者はすべてを学び、
偉大なる王アゼスルタンの御代、
集団はイングランドの地へ来たれり。

王はすべてをひざまずかしめ、
高き栄誉の王宮をつくる。
日夜の憩いとすべてを捧げ、
神を崇めんがために。〉

この項の意図するところは、石工団体の古代性の強調と国王の庇護（ひご）による権威づけであったものにちがいない。この最古の写本もおそらくはこれより以前からあって、今ではわれわれの目にふれることもない数多くの写本を参考として、聖職者によって書かれたものと想像される。

◎グランド・ロッジ写本（一号）

リージャス写本に次いで古い写本はクック写本と呼ばれるが、このクック写本に次いで三番目に古い写本は現在イングランドのグランド・ロッジに保管されている。「グランド・ロッジ写本（一号）」と呼ばれるもので、一五八三年の日付がついている。
（著者注：グランド・ロッジ写本はもう一冊あり、これは「二号」と呼ばれている）

文章は三位一体を表すキリスト教の用語で書かれ、冒頭に「天にましますは偉大なる父、栄光と善と聖霊、その子たる三位、神は我らに栄光を授け、我らは神を崇め奉る。

アーメン」より始まる。この写本には十八世紀以前に書かれた数十冊の写本のほとんどに述べられている発祥起源伝説の基本的な情報が含まれているので、以下に大要を抜粋する。ここには石工職人団体の自称する古代性と特権への強い主張が読み取れる。

「この栄えある石工団体は偉大なる王、大公、その他、高貴の方々により始められ、訓戒はすべての真の石工職人に授けられ記憶されたり。そはわが偉大なる団体の卓越せる技術、優れたる七つの科学、すなわち文法、修辞、論理、算数、幾何、音楽、天文よりなり、中でも幾何学は重要の最たるものなり。ノアの大洪水の後、ラメクなる人、アダとセラの二人の妻をもち、アダによりジャベルとジュバルの二人の息子を得、セラによりては息子と娘それぞれ一人を得たり。これら四人は世界中の職人の祖となり、ジャベルは幾何、ジュバルは音楽、テュボケンは鍛冶、娘は織女となりき。しかれども神の怒りをおそれし彼らはその知識を二本の柱に刻み、一本は大理石、他の一本はラテライト煉瓦の柱、ともに火に耐えたり。洪水の後、賢明なるヘルメスは一本を見いだし、その知識を他に伝へり。

バビロンの塔の建設にあたり、バビロンの王ネムロスは建築家であり、かつ石工団体を庇護せるゆえ、四十名の石工職をニネベその他の都市に送りしが、派遣に際し、互いに誠実を旨とし神を崇めよとさとせり。

アブラハムとサラはエジプトへ赴きしおり、ユークリッドその他のエジプト人に七つの科学を教え、ユークリッドはマスターとなり、王の命により他の者に幾何学を伝え、教会、城、塔、僧院を建造す。ユークリッドは彼らに訓戒を与え、王侯貴族に誠実に仕え、同僚を尊敬し、互いに兄弟と呼ぶようさとし、その他数々の教えを与えたり。ダビデ王はエルサレムに王宮の建設を始めんとし、石工職人を雇い入れ訓戒を与え、その子ソロモンは近隣諸国より石工職を募り、二万四千の石工と三千のマスターを得て王宮を完成す。イラム王、ソロモンを敬愛し、木材を供せしが、その子アイノムは聖書に示されるごとく幾何学のマスター、石工職の頭、すべての彫刻のマスターにして、ソロモン王はダビデの訓戒を強調す。

建築工事完了後、石工職人、諸国へ散逸し、そこにナイムス・グレカスなる人物あり、フランスへ石工技術をつたう。カール・マルテル、石工団体を庇護し、ナイムス・グレカスの下に石工を送りて工技を学ばしめ、やがてマルテル、王位につき団体を庇護するとともに集会支部を開設す。イングランドにおいては聖オルバンの時代までメイスンリーを知らず、国王は異教徒にしてオルバンの住む町に城壁をめぐらせり。オルバン、騎士として王家に仕え、城壁を警護するも、石工を愛顧し、週二シリング六ペンスと三ペンスの飲食費をあたう。これ以前は一日一ペンスなりき。オルバン、石工に評議会を設け、集会を開催せしめ、庇護を与えたり。

オルバンの死後、石工職の優れし慣行は一度失われしが、アゼルスタン王、国に安定と平和をもたらし、修道院、僧院の増設を行い、この王もその子、エドウィンとともに石工団体を愛顧す。エドウィン、国王承認の下、ヨークにおいて年一回の総会を開催し、新会員を入会せしめ、訓戒を与え、石工職人にして訓戒、慣習を理解する者の海外発展を奨励す。このため、フランス語、ギリシア語、イングランド語その他が用いられ、彼自身、一書を記し新入会者に対しこれを読み聞かせり」

百十三冊の写本の中には同じものもいくらかみられるが、相当数は構成、組み合わせに多少の食い違いを示している。基本的には大筋で同種の伝承で、同種の矛盾を含んでいる。

「グランド・ロッジ写本（一号）」に現れる発祥起源の記述にも多くの矛盾点がみられる。例を挙げると、アブラハムはおおむね紀元前二千年の頃の人とされるが、これが紀元前三百年頃のユークリッドに科学を教えたことになっている。さらにアゼルスタン王は九二〇年から九四〇年頃の全イングランドを支配した王と考えられるが、この人物にはエドウィンという名の息子はない。このエドウィンが後に王位に就いた人とすれば、これより三百年ほど前の七世紀にイングランド北部のノーサンブリアで王国を支配し、ローマから派遣された司祭をヨークの大司教に任命して、初めてキリスト教会を建設したといわれるエドウィン王ということになってしまうことなどである。しかもエドウィンがヨークで開催したとされる石工の年次総会は実際に開催された証拠もなく、当時のイングランドの交通事情などを考慮に入れると、全国規模の総会などの可能性はほとんどない。

このグランド・ロッジ写本にも宣誓の言葉がラテン語で記されていて現代英語の翻訳に従うと〈そして先輩の一人が聖書をもち、入会者はその手を聖書の下に入れ、次の言葉が述べられる。「すべての石工職人はもしも、これらの訓戒にそむくなら誓約違反となることを銘記すべきである。特に聖書にかけた誓約にそむく者は重大な処罰を覚悟せねばならぬ」〉となっている。

「古代訓戒写本」の中に表れる「訓戒」にも、微妙な食い違いやまったく同じものなどいろいろあり、どれほどの権威があったのか、どこまでの拘束力をもっていたのかは特定できない。だが、そこには現代社会にも通用する道徳律が含まれている。以下はグランド・ロッジ写本（一号）に表れる訓戒の一例である。

〈第一に神と教会にかけて誠実の人となり、誤って異教に陥ることなく、慎重、賢明であらねばならぬ。

また、イングランド王に対する忠誠を守り、反逆、虚偽には無縁であり、反逆の企てに気づいた場合、これを諌めとどめるか、あるいは国王に警告せねばならぬ。

また、同僚相互の信義を守り、すべての同僚が汝に対してなすがごとく、汝も同僚に尽くさねばならぬ。また、同僚よりの悩みを真摯に聞き取り、ロッジ集会その他において、メイスンの共助精神を遵守せねばならぬ。

また、意図的に同僚より盗むことなく、つねに同僚、マスター、領主に対しては誠実を旨とし、その繁栄と福祉を重んじねばならぬ。

また、同僚を侮辱的な名前で呼ぶことなく、仲間あるいは兄弟と呼ばねばならぬ。

また、同僚の妻、娘、召使と通じ、同僚に不名誉を与えてはならぬ。

また、同僚との飲食においては公正な飲食費を支払わねばならぬ。

また、飲食に際しては暴力沙汰に及ぶことなく、団体の名誉を傷つけてはならぬ〉

〈第一にマスターおよび石工職人は建築完成の見込みの薄い業務を請け負ってはならぬ。

また、発注主に満足を与え、請負業務を完成させる見込みのない場合は業務を引き受けてはならぬ。

また、同僚が仕事を完成できない場合を除いて、同僚の仕事を引き受けたり、邪魔だてしたりしてはならぬ。

また、七年以上、見習いを同一身分におかず、見習いは自由人に生まれ、五体健全なるを要す。

また、同意なくして入会金を徴収することなく、入会希望者を六、七年以上待たせてはならぬ。

また、石工職人となる者は、全業務に習熟し、自由の身に生まれ、正しくして誠実、奴隷身分にあらざる五体満足なる者でなければならぬ。

また、同僚が旅立つ時以外はその引き受けた仕事を奪ってはならぬ。

また、マスターは賃金を定めに従って支払い、偽職人に対するような扱いをしてはならぬ。

また、決して同僚を裏切ってはならぬ。

また、正当な理由なくして同僚に侮辱的言動を示してはならぬ。

また、すべての先輩を尊敬し、敬意を表さねばならぬ。

また、賭博などにより団体の名誉を汚してはならぬ。

また、いかがわしい女性と淫らな関係をもち、団体の名誉を汚してはならぬ。

また、正当な理由なく夜間、ロッジ外へおもむいてはならぬ。

また、マスター、職人たちは、ロッジ内にて型台、直角定規、物差しなどを台座として用いてはならず、ロッジ内外にて型台を刻むための台座の使用も禁じられる。

また、五十哩以内の集会の通知を受けた時はこれに出席せねばならぬ。団体に対する違反を犯し、裁定の下りた場合はこれに従い、裁定できない場合は一般法に従う。

また、外国よりの仲間にはその身分が証明された場合は大切に受け入れ、型台座をもっているなら路銀を与えて次のロッジへ送り出さねばならぬ。

また、マスターは施工主の支払いにこたえ、作業の完了を確認せねばならぬ〉

イギリス諸島におけるロッジの変化

イギリス諸島でゴシック様式の建築が始まったのは一一五〇年で、この様式を独占的に取り扱った石工団体はやがて「フリーメイスン」と呼ばれるようになった。しかし、四百年ほど後の十六世紀前半になると、その頃、欧州大陸に始まった宗教改革とその連鎖反応としての国教会の強化によって、イギリス諸島のカソリック教会の勢力は弱まった。加えてルネッサンスの影響もあって、ゴシック様式の流行は下火になり、石工団体の活動は弱体化した。これが原因で石工団体に変化が生じたが、この変化の波は狭いイギリス諸島であるにもかかわらず、イングランド、スコットランド、アイルランドの間で必ずしも一様ではなかった。

イングランドでは建築実務のロッジに次第に衰えが見え始め、一、二の例外を除いては消滅してしまったようだ。これに代わってその後、各地に一般人による独自の「セインツ・ジョン・ロッジ」（聖ヨハネ・ロッジ）が出現し、アイルランドにも同じような現象が起こったようである。

他方、スコットランドでは十七世紀前半から、最初は名誉職的な存在だったと思われるが、建築に関係ない貴族や地方紳士、知的職業人などが、次第に石工のロッジと関係を深め、やがて入会し始めたことが記録されている。この変化は二百年ほどのゆったりした転換期を経て、ロッジに一般人会員が増えるにつれて石工の姿が減り、ついには一般人だけのロッジに変貌した。一般人のメイスンは「象徴（シンボリック）メイスン」とか「思索（スペキュラティブ）メイスン」と呼ばれるようになった。

各地によって変化の形は違ったが、建築実務から象徴メイスンリーへの変化が起こったのは、なぜかイギリス諸島だけであった。フランスやドイツ地域などほかの欧州諸国でもイギリス諸島と同じようにゴシック建築の石工団体がいたのだが、「聖ヨハネ・ロッジ」の出現もなく、一般人による石工団体への加入現象も起こらなかった。イギリス以外の欧州各地ではただ石工団体が次第に活力を失い、ついには消滅したのである。以下、イギリス諸島各地のロッジの変化を展望する。

イングランドのロッジ

十七世紀という時代は、イングランドの歴史にとってはある意味では特異な世紀であった。一六〇三年にエリザベス女王が死去すると、生前の遺言によって従兄弟だったスコットランドのジェームス五世をイングランド王ジェームス一世として迎え入れ、ここにイングランドとスコットランドは同一の王家をいただくことになり、スチュワート朝のイングランド支配が始まった。

しかし、ジェームス一世の後継者チャールズ一世は宗教問題や財政問題で議会と対立した。対立は次第に激しくなり、やがて「清教徒革命」となった。カソリック勢力に対抗して、純粋なキリスト教理念による教会の浄化を大義名分としたことからこの名があるのだが、結局、国王の軍隊は議会軍との戦闘に敗れ、議会側の指導者であったオリバー・クロムウェルの主導の下に、チャールズ一世は一六四九年に処刑された。それにより、イングランドは一時、共和制となった。その後、両者は一度は和解して王政復古となったが、スチュワート家と議会の確執の根本は解決できず、結局二度目の革命である「名誉革命」を経て、王家はフランスへ亡命した。

当時のイングランドのフリーメイスンの動きをマクロ的に展望すると、確実な証拠となる記録は見当たらないが、ほとんどの建築実務の石工職人のロッジの消滅した十七世紀半ば頃の各地に、一般人による「聖ヨハネ・ロッジ」の集会が始まり、ほぼイングランド全体に一般人メイスンのロッジができ、無統制で自然発生的ではあったが、ある程度、古代からの自然権に基づいて基本ルールとされてきた古代道標や慣行は忠実に遵守していたように見える。

こういう状況下のイングランドでは、スコットランドに比べてロッジの記録がほとんど残されていないのはやむを得ないが、これを補うかのように当時の知識人の残した数々の傍証的記述が豊富で、中でも有名なのが「アシュモール日記」である。

イライアス・アシュモールは一六一七年に生まれ、オックスフォードに学んだ法律家であり、当時も今もイングランド最高の有識者を集めた王室学士院の会員であった。この人物は旺盛な好奇心をもち、当時の知識人の一般的風潮である錬金術などに興味を示した記述も残している。

この人物は克明な日記を残す習慣をもっていて一六四六年十月十六日、二十九歳の時、ランカシャーのワーリントン・ロッジで入会したが、日記にこの時の集会の出席者全員の名前を記録した。六名の出席会員と彼とともに入会した他の一名の入会者、計八名の氏名を正確に記している。後の研究者による長期の詳細な調査の結果、この集会の出席者全員が紳士や郷士、知的職業人であり、この日の入会式には一人の石工

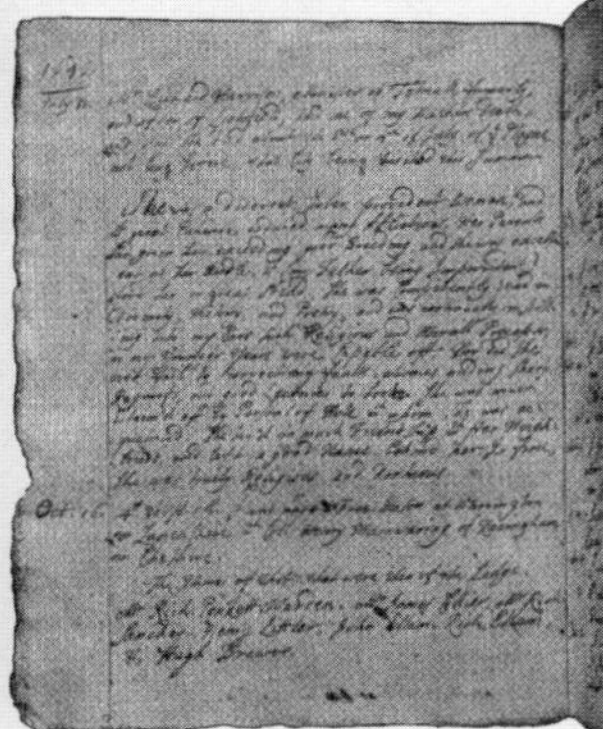

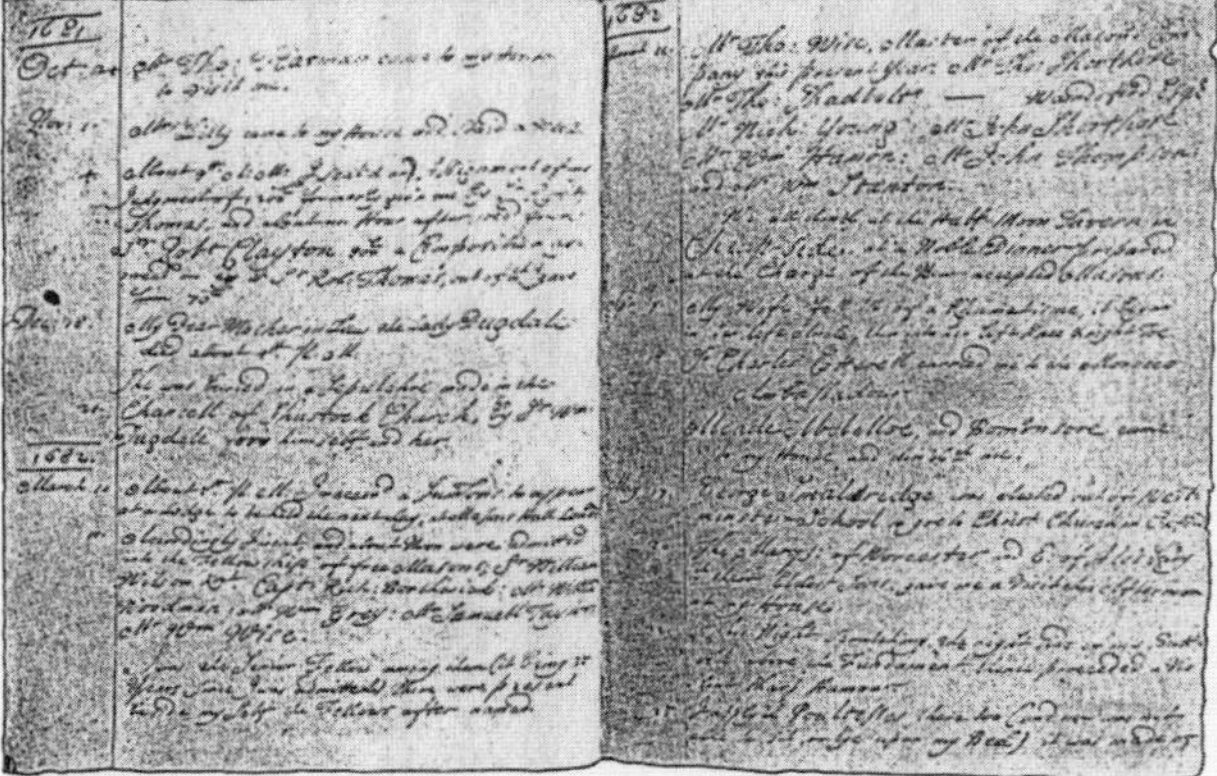

イライアス・アシュモール（左上）と「アシュモールの日記」
(1646年と1682年）の一部

職人の出席もなかったことが判明した。

これによって、この日のロッジの入会式が、一般人による非実務の象徴メイスンリーの集会であったことが立証されている。アシュモールは入会からほぼ三十五年後の一六八二年、集会出席の要請を受けて、ロンドンのメイスン・ホールにあったロッジ集会に出席し、最古参会員としてサー・ウィリアム・ウイルソンその他、計六名の合同入会儀式に立ち会ったことも日記に残している。この集会も一般人だけのロッジ集会であった。

次いで当時の知識人による重要な記述は、ロバート・プロット博士（一六五一〜一六九六）の著述で、古事研究家でオックスフォード大学の化学教授でもあったプロット博士は一六八六年、『スタッフォードシャー地誌』を刊行した。博士はメイスン会員ではなかったが、この著書の八五項から八八項にかけての四項に、十七世紀後半のイングランド中部地方における建築実務の石工職人団体と一般人による象徴メイスンリーの双方に関する記述を残した。

内容は博士自身の見聞や伝聞に基づくもので、当時すでに一般の有識者の目にふれていた石工団体の「古代訓戒写本」への言及もある。その見解には多少の誤解もあるものの、大筋で偏見がなく、情報は公正に取り扱われている。今日となっては当時の様子、少なくともメイスン会員でない有識者から見た当時のフリーメイスンリーに関する貴重な情報を提供している。

博士が今日、百冊以上発見されている「古代訓戒写本」のいずれかの写本に目を通していたのは間違いない。『地誌』のうちのフリーメイスン関連の記述は以下の四項目である。

八五項……これには、この地方に顕著なフリーメイスン団体への入会傾向を付け加えねばならぬ。この傾向はほかよりも荒野地方に強いようだが、ほとんど全国的傾向となりつつある。当地では有力な人々がこの団体への入会を競っているが、これは必ずしも彼らが、メイスン団体の歴史や規約、羊皮紙写本に主張している古代性や名誉に魅せられているのではない。もっと卑俗な物語への興味、たとえばフリーメイスンが聖アンフィバルにより最初にイングランドへ伝えられ、聖オルバンがこれを受け継ぎ、訓戒を定めたというような物語に魅かれたもののようである。後にはアゼルスタン王が承認し、その子エドウィンによって保護され、訓戒と規約を学んだエドウィンは石工たちのために父王の承認を取りつけ、石工たちをヨークに招集し、訓戒・規約を定めたとされる。その羊皮紙に記された訓戒のあるものは公開されている。

八六項……団体への入会にあたっては古代からの慣行により普通、ロッジと呼ばれる場所で、少なくとも五、六名の集会を開き、入会候補者は出席の全員とその妻に手袋を贈り、土地の慣行に従って軽食を提供する。その後、入会式となり、儀式は主として秘密の合図の伝達で、これにより国中どこにおいても互いに識別し合えるのである。まったく未知の人物が現れても、この合図を示した場合には、この者は「団体に受け入れられ」、どこにおいても、いかに危険な場合でも、たとえそれが塔の尖端であっても、喜んで支援の手が差し伸べられるのである。

もし彼が職を望むならばこれを手配してやり、職に就けない時は金銭その他により援助し、これは団体の規約の一部となっている。建築作業においては、頭であるマスターに対して、その知識の及ぶかぎり資材の適否を報告し、建物に欠陥を発見した場合には目立たぬようにこれを是正し、団体の不名誉を防ぐようにする。これらはすべて周知の事実ではあるが、このほかに彼らだけしか知らない団体の発祥起源のような隠されている点があるのではないか、またさらに首尾一貫しない怪しげな点があるのではないかと疑う理由もある。

八七項……常識をわきまえている者にとっては聖アンフィバルが聖オルバンの主人というようなことは信じられず、オルバンがあの時代、石工を監督したなど到底ありえないことである。エドウィンが石工の慣行を学んだり、王の承認を受けて、ヨークに集会を召集したりすることなども不可能で、賢明な読者の判断を願う次第である。

八八項……さらにヘンリー六世とその評議会が写本に述べられているように、訓戒や慣行を調査承認し、マスターやクラフトの階級を認めていたというのも大いに疑わしい。ヘンリー六世の代にはその即位三年目、四歳になったばかりの時に、議会が決議したこの団体の廃止法令が発見されている。

そこには石工の年次総会において法令違反が行われているので、石工の支部、連合の禁止を指示し、これらの支部、連合を組織するものは重罪人となり、これに違反する石工職人は監禁または罰金刑に処せられるとしている。したがって石工団体の写本に示される記録編集者の誇張した表現は事実に反していて、編集者には歴史と法令についての知識が欠けていたものと想像される。この法令は後に法規「五：エリザベス」により撤回され、この法規では召使と労働者は強制的な就労と賃金規制を受けたが、この法規も永くは守られなかったようである。

これらの石工職人団体は依然として違反を繰り返しているものと思われるが、古代においては重かった罰も現代では軽くなってしまったが、この件は調査の必要があるものと考えられる。

この記述は前述した一四二五年のヘンリー六世の規制法令にまで言及し、当時のフリーメイスンに対してはかなり辛口の批判だが、第三者の有識者による客観的見聞録として重要な価値がある。

しかし、このように情報源に納得のいく記述が残る一方で、根拠のない噂を述べたとしか考えられない記述も残されている。

ジョン・オーブレイも十七世紀のイングランドの著名な記述家で、前述のロバート・プロット博士ともある程度の知己だったが、一六五一年に記述を開始し、一六八六年に完成した手書き写本『ウィルトシャー地誌』の中の第七十三葉に「イタリアの石工職人団体はヘンリー三世の頃、法王により教書または認可により教会建造のため欧州各地を移動することが許された」と述べている。

ヘンリー三世の頃というと十三世紀半ばになる。この後、オーブレイの記述が原因と思われるが、同様なイタリアの石工団体によるフリーメイスン発祥起源説をほかの人々が記述し、当時の発祥起源説にある程度の混乱が生じた。今日のバチカン文書庫の調査によると、オーブレイの述べているような教書または認可の存在はなく、この記述は根拠のないものであったことが確認されている。

アイルランドのロッジ

初期のアイルランドのメイスンリーは、イングランドと似たような経過をたどったものと推定されているが、ここにも「聖ヨハネ・メイスン」の存在についてある種の傍証が残されている。アイルランドでは十八世紀前半のロッジ記録の類は戦火などによって、ほんのわずかな記録が残されているだけで、ほとんどは失われてしまっているのだが、これよりずっと以前の一六八八年、ダブリン大学の開校式において神学博士ジョン・ジョーンズが講演を行い、その折にフリーメイスンに関する冗談じみたコメントを述べたことが記録されている。

〈近頃、大学の栄誉のためにフリーメイスンリーを大学教課の一つとして取り上げる件の検討を命ぜられました。この団体は紳士、機械工、運搬人、肉屋、洋服屋、医者、詩人、騎士その他、諸々の職業の会員を擁し、すでに一般に知れ渡ってしまっている「秘密」と称するものを、宣誓によって秘匿せねばならず、悩める者たちに慈善を施してこれを救うのは結構なことですが、そのために自分の財布の空になるのもいとわぬ人々であります。……〉

この講演自体はたいして気のきいた冗談とも思えないが、興味深いのは有識者である講演者も一般の聴衆もともに、当時すでにアイルランドのメイスン会員が建築実務の「石工団体」から「象徴メイスンリー」に変化し、会員の職業が諸々の業種を含んでいること、また、メイスン会員の間には秘匿事項があり、会員が慈善活動に力を入れることなどをよく承知していないと、このスピーチに含まれている冗談が冗談として理解できない点である。

当時のアイルランドにおいて、フリーメイスンリーに関するこれらの情報が、少なくとも大学の開校式に出席するレベルの知識層ではごく普通の一般常識となっていたことが言外に示され、十七世紀のアイルランドにおける多数の「聖ヨハネ・メイスン」の存在が推定される。

スコットランドのロッジ

イングランドやアイルランドとは異なり、スコットランドにおける石工団体から一般人メイスンリーへの変化は、ロッジの記録により、その過程をほぼ正確にたどることができる。十七世紀前半から一般人の石工団体への加入が始まり、エジンバラなどの主要ロッジに紳士や貴族の名誉職的な参加や入会が記録として残されている。

このほかに一六〇〇年には、地方紳士（ジェントリー）、ジョン・ボズウエルがエジンバラのロッジになんらかの調査の証人として出席したことは前に述べたが、スコットランドでは十七世紀初頭頃から早くも「建築実務」から「象徴メインスリー」への変化が始まったことがうかがわれる。

しかし、変化の速度はゆるやかで長期にわたってロッジの中には建築実務の石工職人と非実務の一般人が混在し、一般人の加入した後も多くのロッジが建築業務を続けていたことが示され、十九世紀になっても多数のロッジが建築業に従事していた事例が記録されている。

スコットランドの個々のロッジの細かい動きを見ていくと、建築実務のロッジから次第に一般人による非実務の「象徴メインスリー」へ変化していく過程をマクロ的に展望することができる。個々のロッジにおいて、ある年に初めて非実務の一般人が入会したことが記録され、ある年に明らかに実務の石工職人とわかる会員の最後の記録が残され、それ以降、そのロッジに実務の石工職人の記録の表れない場合には、その年にそのロッジの建築実務の時代は終わったこととなる。この転換期をスコットランド全体で展望すると、変化はほぼ二百年近くにわたって漸進（ぜんしん）的に進行したことがわかる。スコットランドの主なロッジにおける転換の流れは以下のとおりであった。

	最初の一般人の記録	最後の石工職人の記録
エジンバラ	一六〇〇年	一七〇九年
ケルソ	一六五二年	一七〇五年
アバディーン	一六七〇年	一七八一年
マザー・キルウィニング	一六七二年	一七二五年
メルローズ	一六七五年	不明
ダンブラン	一六九六年	不明

一般人のフリーメイスンへの加入

十九世紀の『英国史』の著者トーマス・マコーリーは、十七世紀後半の名誉革命以後の地方紳士層（ジェントリー）を描写して次のように述べている。

〈この革命期を経験した地方紳士は――現在の子孫に比べれば貧しく――（名誉職としての）治安判事の辞令をもらっている郷士でも五年に一度、都会へ旅行できる者はせいぜい二十人に一人というところであり、パリ旅行などは一生の夢であった。

――

彼の最大の責任は財産の維持で――地方紳士が世界全体像を見ることはまれで、たまにそれに接したとしても、これによって啓蒙されるよりは混乱してしまう場合が多かった。彼の宗教、政治、海外事情、歴史に関する意見は――自分の属する小さな社会慣行からきたものにすぎず、いわば幼児の意見であった〉

〈このような記述からイングランドの十七世紀の郷士は今日の粉屋や酒作りと同じように聞こえるかもしれないが、そこには注目すべき相違点があり、この点から異なる評価が生じる。無教養で洗練されていないにもかかわらず、重要な点はこれらの地方紳士が「紳士」（ジェントリー）であったことである。彼は良きにつけ悪しきにつけ、強力な上流階級に属していた――〉

〈かくして十七世紀のイングランドの郷士は二面の性格をもち、――彼の無知ぶりと洗練度の低さ、趣味の悪さと粗野な言葉使いは現在ならば、卑しい生まれとしつけの結果と考えられてしまう。しかし、彼は基本的には貴族の一部であり――尊敬の対象であったのである〉

基本情報のとぼしいのを一因としてフリーメイスン史の中の重要な一こまでありながら説明に苦しむのが、社会階層の明確であったイギリス諸島において、なぜ一般人のフリーメイスンへの加入現象が起こったのかという疑問である。

スコットランドでは、最初は名誉職的立場であったと思われるが、多数の貴族、紳士（ジェントリー）、知的職業階層の人々が、古くから存在し、誇り高い伝統をもっていたとはいえ、中間階層にすぎなかった石工職人の団体へ加入し、またイングランドやアイルランドでは記録がなく立証できないものの、なにゆえ一般知識階級の人々が独自の「聖ヨハネ・ロッジ」をもつようになったのかという疑問である。しかもこの現象はイギリス諸島にかぎられ、フランスやドイツにも同じような石工団体が存在したにもかかわらず、いずれの現象も起こらなかった。

イギリス諸島の貴族や一般有職者が、なぜこの団体に興味をもったのだろうか。なんの目的で社会階層の異なる石工団体へ加入したり、自分たちのロッジをつくったり、これが流行となったりしたのだろうか。今日となっては推測するほかない。

一六〇〇年のスコットランドのエジンバラには、オーキンレックの領主、ボズウエルの最初の出席が記録され、イングランドのイライアス・アシュモールの場合は、一六四六年の日記にワーリントン・ロッジへの入会記録を残し、しかもその入会に立ち会ったのは数人の建築とは関係のない一般人であった。この立ち会った会員たちが日記のしるされる以前に「聖ヨハネ・メイスン」であったのは確実だし、一六七〇年のスコットランドのアバディーンには、一般人会員と石工職人会員の入り混じった名簿が個人の「マーク」とともに残されている。

　また、イングランドのロバート・プロット博士は十七世紀後半の一般人のフリーメイスン入会の流行について記述しているが、ここには一般人の入会動機については何ひとつ明快な言及はない。しかし、十七世紀のスコットランドにおいて、建築実務に関係のない一般知識人が石工団体に加入し始めたのは記録された事実である。また、イングランドやアイルランドにおいて自分たちの「聖ヨハネ・ロッジ」をつくり始めたのは記録によって立証はできないとはいえ、状況証拠に基づいてほぼ間違いないと推定される現象である。

　今日にいたるも、この時期のイギリス諸島における貴族、ジェントリー、知的職業人のフリーメイスン入会流行の理由の解明は結論に達していない。十七世紀後半、この新たな社会現象に言及したプロット博士は前述の『スタッフォードシャー地誌』の中で、空想的な発生起源の「物語に魅かれたものと思われる」と述べていて、これはあまりにも単純な推測のように見える。だが、そのほかは単に事実にのみふれているだけで、〈この郡に顕著なフリーメイスン団体入会の傾向は――荒野地方に盛んなようだが――当地では最も有力な人々がこの友愛団体入会を競っている〉と記しているだけである。

　結論的には、イギリス諸島においてのみ一般人の石工団体フリーメイスンへの参入が起こり、この参入現象はスコットランドとイングランド、アイルランドの間では一本の木でありながら、異なる枝をたどったように見える。スコットランドのロッジの記録を見るかぎり、貴族の名誉職から始まって、二百年ほどの歳月をかけてゆっくり石工団体の中に一般人が浸透していったが、これに反してイングランドとアイルランドでは、ヨークのような一部の例外を除いては、石工団体がほぼ消滅してしまった後に、なんらかの理由で一般人たちが自分たち自身のロッジをもち、石工の古代慣行や道標を守りながらロッジを維持していたように見える。

一般人のフリーメイスン入会というイギリス諸島での特異現象の原因については、無数の推測が成り立つ。著者の個人的意見としては、十六世紀半ばから始まった天文学上の数々の発見、特にニュートンが解明した万有引力の存在と次第に明らかにされる人間環境の実体、科学と機械文明の進化、その結果として予想される来たるべき社会構造の変化への予感、十六世紀半ばから十七世紀へかけてのこれらの現象は有識層を刺激し覚醒させ、情報蒐集（しゅうしゅう）の必要性が増大したのではないかと考えられる。

フリーメイスン集会後の会話、知識人との交流、これらは時代の人々の理性を刺激し、フリーメイスン入会が一つの流行となった。一般人の入会の激増はこの後、百年余りの準備期間を経て、十八世紀半ばのイギリス諸島で始まる産業革命と無縁であったとは思えない。

第2章　グランド・ロッジの創設

十八世紀に入ると、イングランドのメイスンたちは、それまで石工団体から曖昧な形で変化を続けていた過渡期を終え、ロンドンにメイスンリー組織化のための最初のグランド・ロッジが出現した。数年後にはこの動きは、アイルランド、スコットランドに波及し、古代の石工時代の慣行は尊重されたものの、新組織を支える「憲章」の制定をはじめとして制度が大きく変化した。

一般社会のフリーメイスンを見る目も次第に厳しさを加え、団体の秘密性を警戒するようになり、暴露出版物が現れるようになった。

石工時代の二階級制に新たに第三階級が導入され、それまでの石工団体の時代には考えられなかった重複会員制が始まるなど、さまざまな新制度が始まった。第２章では友愛団体フリーメイスン組織化の初期の一世紀ほどの動きを見る。

イングランドの組織化

十八世紀初頭のロンドンに象徴メイスンリー組織化の動きが始まり、一七一七年、世界で初めてのグランド・ロッジが創立された。この年、ロンドン市内にあった四つの「セインツ・ジョン・ロッジ」（聖ヨハネ・ロッジ）が合意に達して初めてのグランド・ロッジが創立され、この動きはイングランドからアイルランド、スコットランドへ拡がり、さらに欧州諸国や新大陸アメリカへと波及し、今日のフリーメイスンが形づくられていく。このグランド・ロッジ創立の起爆剤となったのは、メイスンリーの本質が建築業務の石工団体から友愛団体の象徴メイスンリーへ変化したことを起因とした組織化の必要性にあった。

石工団体の時代には各ロッジが無統制に各個ばらばらに存在していても、ほかの石工のロッジに職を求めて訪ねる場合とか、共同で建築工事に従事する場合以外はほとんどほかのロッジとの間に交流の必要はなかった。だが、一般人のロッジで交友活動が始まると、会員間の社交性が増し、ほかのロッジを訪問する交流の機会が多くなり、会員同士の認識手段の統一とある程度の統制を保つための組織化が必要となってきた。

十八世紀から十九世紀にかけて、「フリーメイスン史の父」と呼ばれたジェームス・アンダースン博士は、一七二三年と一七三八年の二回、新設のグランド・ロッジの基本文書である「憲章」を編纂・記述した。一回目の一七二三年憲章には記述はなかったが、二回目の一七三八年憲章の中に、一七一六年のある日、ロンドン市内の四つの「聖ヨハネ・ロッジ」が「アップル・トリー・タバーン」で会合し、グランド・ロッジの創立を検討し、将来できれば貴族をグランド・マスターに迎えるという了解のもとに、グランド・ロッジ創立を同意したと記している。

アンダースン博士はさらに翌一七一七年六月二十四日、エール・ハウス「グース・アンド・グリッドアイアン」においてこの四ロッジの代表が再会し、紳士アンソニー・セイヤーがグランド・マスターに選出されたと述べている。このグランド・マスター選出により通常、この日に正式にグランド・ロッジが成立したとされる。

ここに世界で初めて正式に成立したグランド・ロッジは「プレミアー・グランド・ロッジ」と呼ばれ、その創立はフリーメイスン史上最大の特筆事項であった。しかし、一七一七年のこの時点では、必ずしも世界規模の大都会とはいえないロンドンに、たまたま起こった小さな友愛団体の組織化にすぎなかった。

「聖ヨハネ・メイスン」の本質は、それまでは漠然とした自然発生的な存在であり、ただ各地にばらばらに隣人の中に仲間を見いだして集会を開いていた団体にすぎなかった。これまでにも石工団体の時代に古代グランド・ロッジが存在したとか、グランド・マスターが就任したとかの伝承はあったが、組織と記録をともなったグランド・ロッジの成立はこれが初めてであった。成立後、最初の数年間に就任したグランド・マスターは以下であった。

	グランド・マスター	任期中の特筆事項
一七一七年	セイヤー	グランド・ロッジ成立
一七一九年	デザグリエ	管理体制の確立
一七二〇年	ペイン	一般規定の編集開始、副グランド・マスター職を新たに設ける
一七二一年	モンタギュー公爵	一般規定承認、憲章作成委員会を指名し、アンダースン博士に憲章原稿の作成を命ずる
一七二二年	ワートン公爵	アンダースンの憲章原稿を一部修正のうえ承認
一七二三年	ダルケイス伯爵	一七二三年憲章原稿完成、印刷開始。傘下ロッジ三十に拡大

（上・左）イングランド最初のグランド・ロッジが創立されたロンドン市内の旅館とその内部

イングランドのグランド・ロッジの儀典と講義を改訂したウィリアム・プレストン

上記の数名のグランド・マスターのうち、初期のグランド・ロッジに大きく貢献したのはペイン、デザグリエ、モンタギュー公爵の三人だった。ペインは一七五七年の死去の直前まで役員として活躍し、グランド・マスター在任中には傘下ロッジに保管されている古文書類の提出を求めて、その散逸を最小限に食い止めた。一七二〇年から二一年にかけての一般規定の作成作業では、その法律知識によって大部分がペインの直接関与の下に作成された。

十九世紀の米国の著名メソニック学者であったマキ博士は、デザグリエを評して「近代象徴メイスンリーの父」と呼び、「その努力と熱意により、あの時代の人々を奮起せしめ、一七一七年のグランド・ロッジ創立によるフリーメイスンリー『再興』を実現した」と述べている。当時の人々は古代の石工団体の間にグランド・ロッジが存在したという空想的な伝承を信じていたから、「再興」という表現を用いたのだが、デザグリエは一七一九年グランド・マスターに選出された。その後一七二三年から一七二五年の三年間にわたって副グランド・マスターに任命され、貴族のグランド・マスターを補佐し、事実上この間のグランド・ロッジの管理運営を行った。

初の貴族出身のグランド・マスターとなったモンタギュー公爵は、後に「一七二三年憲章」と呼ばれる基本文書の成文化を命じた。特にモンタギュー公爵の就任を契機として、イングランドとスコットランドの貴族社会がフリーメイスンリーに注目し始めた。

「一七二三年憲章」の完成

「一七二三年憲章」はアンダースン博士の編集により、グランド・ロッジ成立六年後の一七二三年に完成し、一般規定、発祥起源、訓戒を含む公式文書として承認されたグランド・ロッジの基本文書であった。この文書は「一七二三年憲章」とか「アンダースン憲章」と呼ばれ、これ以後はグランド・ロッジの正式な議事録も残され始めた。しかし、この憲章にはグランド・ロッジ開設当初の一七一七年から一七二三年にいたる六年間の記録が空白で、この空白期間が記述されたのは創立から二十一年後の一七三八年であった。ヘンリー・W・コイルはその著『六世紀間のフリーメイスンリー』の中で、一七二三年憲章を以下のように要約している。

〈新たに発足したグランド・ロッジのなし遂げた最重要業績は傘下のロッジの使用目的で編纂した、フリーメイスンの歴史、訓戒、一般規定を含む「フリーメイスン憲章」の作成であった。この文書はふつう一七二三年のアンダースン憲章と呼ばれているが、「一般規定」の成文化にはペインの方が重要な役割を果たし、「一般規定」の序文には、一七二〇年にグランド・マスターであったペインにより編集された旨が明記されている。

この規定は一七二一年六月二十四日、グランド・ロッジにより承認され、ペインはまた一七一八年のグランド・マスター就任時、傘下の各ロッジに対して、ロッジ内に保存している古代訓戒写本などの古文書や各種の記録類の提出を要請した。

次いで一七二一年九月、時のグランド・マスター、モンタギュー公爵より石工団体の間に伝わる古代訓戒写本に現れる伝承には数々の矛盾が含まれている点についての指摘があり、アンダースン博士を改訂・編集責任者に任命し、十二月には原稿検討のため十四名の委員会が発足した。翌一七二二年三月、委員会は原稿を承認し印刷を勧告、翌年の一七二二・二三年一月、グランド・ロッジはロッジ開設の際の古代慣行遵守の項目を追加する了解のもとに印刷を承認した。

「訓戒」は石工団体の古代建築実務時代のゴシック憲章（著者注：今日では「古代訓戒写本」と呼ばれる）の中にみられる、かなりの混乱と矛盾を含む訓戒を新発足の象徴メイスンリーに適合させようとするもので、この訓戒の調整はアンダースンの苦心の労作であったものと思われ、以下の六部分に分類できる。

（一）神と宗教

「1723年憲章」の見開き部分（ユークリッドの第47問が示されている）

(二) 国王への忠誠
(三) ロッジの運営
(四) ロッジ・マスター、ウォーデン、フェロークラフトと見習いの関係
(五) 会員の指導
(六) 道徳的訓戒

一般的にはこれらの訓戒は、メイスンに対して道徳律を守り、善良にして誠実と名誉を重んずるようにさとしているが、宗教に関してフリーメイスンはそれまで、存在する国の宗教に忠実であるように教えられてきた。だが、今やすべての人々が己の信ずる宗教・宗派に忠実たらんとするのは正しいことであり、これは各個人の判断にゆだねられるべき事柄であると述べている。この宗教に関する項目は重要であり、その影響は今日にまで及び、ここに初めて今日のフリーメイスンリーのもつ汎宗教性と汎宗派性が表明されたが、さらに明確に書き換えて表現されるのは、百年ほど後の一八一五年の憲章改定による。

公共に対してはその安寧(あんねい)秩序を重んじ、政治的策略・画策などに関与することのないようにさとし、入会を許される者は誠実にして、自由の身であり、奴隷身分でない成年男子であって、公共の秩序良俗に反しない道徳律をもつことが必要である

とされている。

マスター、ウォーデン、フェロークラフト、エンタード・アプレンティス（見習い）などの役職や身分は実務的に表現され、第二階級のフェロークラフトはロッジ・マスターに次ぐ位置にあり、グランド・マスターに選出される資格をもっていた。

メイスンは誠実であり、同僚に対しては友好的で、嫉妬や紛争を起こさないようさとされ、ロッジ内の争いごとの穏やかな解決をはかり、礼節を守り、集会後の愉快な飲食を楽しみ、政治上・宗教上の論議は厳しく禁じられ、礼儀正しく集会し、助け合い、部外者同席の場合は秘匿事項をもらすことのないよう注意される。ロッジ内のことは家庭内でも話題に出すべきではないが、集会後はできるだけすみやかに家族のもとに戻り、未知のブラザー会員が援助を求めてきたり、職を希望したりする時には、十分な調査のうえ、できるかぎり支援の手を差し伸べるべきであるとしている。

一般規定の五八頁から七〇頁には、ロンドンおよびウエストミンスター近辺に所在するロッジの運営に関して三十九項目の規定が記され、この部分は憲章中の最も実務的かつ具体的な部分である。ここにはグランド・ロッジと傘下ロッジの役員、会員の管理運営に関する事項が定められ、年次総会、晩餐会、四半期総会などの行事の運営についてもふれられている。次の二十頁は新ロッジ開設の手続きで、この憲章全体に対する承認には時のグランド・マスター、ワートン公爵の署名、その他のグランド・ロッジの役員の署名があり、アンダースン博士自身も署名している。最後にワートン公とデザグリエの確認署名により一七二二・二三年一月十七日、印刷承認の旨が記されている〉

ジェームス・アンダースンは一六七八年、スコットランドのアバディーンに生まれ、十八〜十九世紀にかけて存命中も死後においても、長期にわたり「フリーメイスン史の父」とか「グランド・ロッジ史家」との名声を得た人物である。一七一〇年、ロンドンへ移り長老会派の牧師となり、家系学に関する数冊の著作があり、一七三一年には神学博士号を与えられている。

「一七二三年憲章」の後、さらに「一七三八年憲章」を発表したが、翌一七三九年に死去した。一七三八年憲章の内容にはかなりの混乱がみられることから、晩年には精神的にも老衰していたのではないかと推測されている。

彼のフリーメイスン入会についての記録は今日にいたるまで発見されていないが、その父はスコットランドのアバディーンのロッジのセクレタリー（書記役）に任ぜられていたことがわかっている。

ジェームス・アンダースンが編集・記述した一七二三年憲章の中に、当時のスコットランドのメイスン会員の間では普通に用いられていたが、イングランドでは使用されていなかった用語が多数用いられている。たとえば、それまでイングランドで普通に用いられていた第一階級の名称「プレンティス」はスコットランド風の呼び方であった「エンタード・アプレンティス」とし、第二階級の「フェロー」は「フェロークラフト」、無資格職人は「カウアン」その他だが、これを見るとスコットランドのどこかのロッジで入会したものと考えられる。

彼は広い教養をもち、研究心もあつく、石工団体の「古代訓戒写本」に記された訓戒を象徴メイスンリーに適用できる教訓に置き換えて整備し、理論化した。この点では一七二三年憲章は立派な成果であった。

一七二三年憲章の中に含まれている一般規定は、一七二〇年のグランド・マスター、ペインの業績であったが、これも新憲章の中に適切に組み込まれている。しかし、一七二三年憲章の抱えた最大の問題点は、重要な部分であるフリーメイスン発祥起源と初期の歴史を極端に空想的な物語としてしまった点である。アンダースン博士は、アダム、ノアから始まって旧約聖書に現れる伝説的人物や古代史上の主要人物を次々グランド・マスターとして登場させ、多数の著名建築物の建造者にしてしまった。

もちろん、この空想的なストーリーをすべての人が信じたはずはないが、発祥起源の記述は一七二三年憲章のほとんど半分を占める部分であり、例を挙げてみると八頁には「古代ユダヤの民はエジプト脱出時にはすでに完全なフリーメイスン集団であり、グランド・マスター、モーゼの指導の下に、時には正規のロッジにおいて、またある時には荒野において訓戒を与えられた」と述べ、二十五頁には「栄えあるアウグストゥス皇帝はローマのロッジにおいてグランド・マスターに就任し、建築家ウィトールスを庇護し、石工職人たちの福祉をはかり、その治世を通じて数々の建築物を建造した」とある。

また二十七頁には「ローマ帝国繁栄期には北海の果てにまで華麗なるメイスンリーの技が広められ、各地のローマ軍駐屯地にはつねにロッジが開設されていた」等々、根拠のない歴史を記述した。

私的団体において、その中に伝わる伝承を強調し誇張するのは、ある程度はやむを得ないことかもしれない。ことにその団体が一都市（著者注：当時のロンドンは人口三十万人そこそこといわれる）の小団体にすぎず、その発生源であった石工団体には数々の伝承に基づく古代写本が残され、その影響も無視することができなかったであろう。まして将来、この団体が世界文化史の一環をなすような規模に拡大するとは予想もされなかった十八世紀前半の時点での誇張はあまり責められるべきではないかもしれない。

しかし、結果的にはフリーメイスンの発祥起源を想像に基づく「物語」としてしまったアンダースン博士の記述のため、空想的ストーリーは博士の一七二三年憲章発表後、多数の人々の記述によって、本人が予想もしなかったほどに拡大され、このあと百年以上にわたってフリーメイスン関係者の著述の中に旧約聖書その他の古代史に基づく空想的歴史観を定着させる結果となった。当時の一般の人々はフリーメイスンを旧約聖書の中に登場する古代ユダヤ民族と交差させたが、その影響はある程度今日にまで及んでいる。

これらの問題点によって、一七二三年のアンダースン憲章の評価にははなはだしい落差がある。発表後の百年ほどの間の研究者は彼を賢者として尊敬し、一八六〇年頃以降の研究者は反対に愚者として扱った。前者は彼の記述をすべて真実として受け入れ、後者は単に発祥起源や歴史のみでなく、その他の記述も物証のないかぎりまったく信頼しなかった。

聖書の影響、古代石工の間に残る伝承、当時のメイスン会員たちのフリーメイスン史への空想的偏見など、これらに取り巻かれていたアンダースン博士の立場は気の毒ではあるが、そこに生み出された混乱の影響はある程度、二十一世紀の今日にまで尾を引いている。

次いで、一七三八年に発表されるアンダースン博士の二番目の憲章は、内容に不合理な点が多かったため、関係者の間ではほとんど無視された。だが、この不評であった一七三八年憲章の中に一七二三年憲章には空白となっていた、一七一七年から一七二三年にかけての最初の六年間の記録が初めて記された。

しかし、アンダースン博士は一七二一年まではグランド・ロッジの役職には就いていなかったから、グランド・ロッジ創立の二十一年後に書かれた最初の六年間の記録の大部分は、創立期の関係者で一七三八年当時に生存していた者の記憶に基づく伝聞によるものと思われる。この空白期間の記述の信憑性にはかなりの疑問が残る。

しかし、このような曖昧な背景はあるものの、一七三八年の憲章に初めて第三階級の「マスター・メイスン」についての記述や、後述する「ソロモン＝ハイラム伝承」（メイスン間に残る誠実に関する伝説）への言及もあり、さらに古代の石工団体のもっていた写本に初めて「ゴシック憲章」の名称を与えた。これは今日では「古代訓戒写本」（オールド・チャージ）と呼ばれているが、一七三八年憲章の重要性も無視できないものがある。

フリーメイスンの組織化

空想に基づく歴史観や記録上の不備を内蔵しながらも、イングランドでのプレミアー・グランド・ロッジの創立と、これにともなう新管理体制は、以後のほぼ三百年にわたる象徴メイスンリーの基礎を築き、イギリス諸島や新世界をはじめとして世界各国へのメイスンリーの拡大につながった。それまで石工団体は古代慣行や伝承的訓戒を遵守し、これを引き継いだセインツ・ジョン・メイスンも、古代道標を忠実に守ってはきたが、グランド・ロッジの成立と、これにともなう新制度の発足は、それ以降の友愛団体としての象徴メイスンリー制度の基礎となった。十八世紀前半のグランド・ロッジ成立以降の数十年間の制度上のおもな変化を以下に要約する。

(一) 規定の成文化

実務の石工団体時代の漠然とした古代慣行や訓戒、道標などは一七二三年憲章の中に規定として成文化された。この規定は一七二〇年、法知識に秀でていたペインの直接の関与のもとに整備され、これが翌二一年に「一般規定」として承認され、一七二三年、アンダースンが憲章の中に編入した。それ以後の世界各地のグランド・ロッジの規定は個々の選択とはいえ、一七二三年憲章は各地のグランド・ロッジの規定の原型となった。

(二) 認証権

グランド・ロッジの傘下ロッジ開設の許可は一七二一年の一般規定の中に、初めてグランド・マスターの所管事項となり、一七二三年憲章の中に認証権関連の規定が取り入れられた。

これは従来の慣行に対する大きな改変であった。これまでは古代の慣行と個々のロッジ固有の自然権によって制約なくロッジを創立し、ロッジ間の交流は相互の友好関係の結果にすぎず、これを統括しその存在を認証する機関はなかった。一七二一年の一般規定に示された認証権に関する考え方は、今日では当然のルールとして、世界中のグランド・ロッジによりその管轄地域内に適用されているが、当時としてはまったく新しい概念であった。

イングランドにおいてはグランド・ロッジ創立以前には今日のような「合法的認証」を受けたロッジというものは存在しなかったし、グランド・ロッジ創立後もしばらくの間は自然発生の慣行は続けられていた。

しかし、この転換期に従来のように認証なしに自然発生したからといって、そのロッジを不正規であったとはいえない。これらのロッジは古代からの自然発生権に基づく「権利」をもっていたし、一七二一年のグランド・ロッジの一般規定発効後も、新グランド・ロッジはこの新たな概念をほかに強制する意図はなく、これが一般に浸透するまでは「非合法」とするのは不条理である。

(三) 重複会員制度の始まり

石工時代のロッジには「重複会員」は存在せず、十七世紀頃の「セインツ・ジョン・メイスン」の発生以後も曖昧であった。その概念が確立されたのはロンドンにおけるグランド・ロッジ創立以後であった。

石工職人の実務ロッジにあっては、所属員は単に業務上の必要に応じてロッジ・マスターの指揮下に入り、共同で作業している仲間であり、工事が終わればそれぞれの選択でロッジに残留するなり、ほかのロッジへ移っていくなどしたので、同時に二つ以上のロッジに重複して籍をおくことはありえなかった。だが、グランド・ロッジの創立によって象徴メイスンリーの組織が次第に定着すると、相互訪問の機会が増え、ほかのロッジへ重複会員として加入することができるようになった。ここに現在の会員制度が発足した。

(四) 管轄地域と管轄権

グランド・ロッジは創立当初は、以前からあったロッジに対しても、ロンドンとその周辺の限られた地域内において管轄地域の概念を強制する意図はもっていなかった。

しかし、創立の数年後に多くのロッジが傘下に参入してきたところを見ると、当時すでにロンドン地域にはかなりの数の「セインツ・ジョン・ロッジ」があったものと思われる。だが、これら既存のロッジに対してグランド・ロッジが傘下への加盟を強制して管轄権を主張したことはない。グランド・ロッジの発足後にロンドン地域で傘下に入ってきたロッジは、それぞれのロッジの自由意志によって入ってきたのである。

また、同じ大英帝国内（著者注：一七〇七年、イングランドとスコットランドは合併し、法的に単一国家となった）とはいえ、ロンドンのプレミアー・グランド・ロッジによるアイルランドやスコットランド、アメリカ植民地など他の地域への管轄権の主張はなかった。

後にアイルランド、スコットランドなど各地に創立されたグランド・ロッジがイングランドとともに、地区グランド・ロッジを通じて、アメリカ植民地に対して多少の関心を示したことはあったが、この場合でも本国から代表を送って傘下におさめたり、積極的に植民地を管理しようとしたのではなかった。つねに植民地からの要請があって初めて、その地域の代表者を任命して地区グランド・ロッジの設立を認可していた事実が、この自由放任的な運営概念を暗示している。

「管轄地域」の概念は十八世紀後半には次第に明確となっていくが、この点に関しては独立後のアメリカの方が先行していた。アメリカの場合、人々が植民地に入植した当初は各地に無統制に「セインツ・ジョン・ロッジ」ができ、やがて本国にグランド・ロッジが創立されると、植民地の地区グランド・ロッジを通じて正式に認証を受けるロッジもあったが、依然として多数のロッジが各地に自然発生していた。
だが、十八世紀後半の独立戦争により新世界が政治的に本国から切り離されると、自分たち自身のグランド・ロッジ創立の必要性が認識されて法制概念が強くなり、各州にできたグランド・ロッジによってこの「管轄地域」の法制化が急速に固められていった。

(五) 階級（マスター・メイスンの誕生）

イングランドでの一七二三年憲章の公表とともに、従来の「プレンティス」と「フエロー」の名称はスコットランドの慣行の影響を受けて、「エンタード・アプレンティス」と「フェロークラフト」に改められ、儀式内容も徐々に改善されていった。儀典や講義などが整備されるとともに、従来の二階級に加えて第三階級の「マスター・メイスン」を授ける下地ができた。

（著者注）わが国ではこの三階級の日本語訳の「見習い」「職人」「親方」などの呼び方はあまりに古くさく、不自然なので、普通は原語をそのまま使用している。

ロンドンにグランド・ロッジが創立された後、当初は「エンタード・アプレンティス」と「フェロークラフト」の二階級のみであった。これに一七三〇年頃から第三の階級の「マスター・メイスン」が加えられた。新設のグランド・ロッジは一七二五年十一月二十五日の決議で、「各ロッジのマスターはウォーデンおよび大多数の会員の同意のある場合は、『マスター・メイスン』階級を授与することができる」とした。

しかし、この後もすべての傘下ロッジがいっせいに第三階級の「マスター・メイスン」を授けたのではなく、各ロッジの選択によって徐々に広まったもので、一八八五年の『フリーメイスン史』の中でロバート・グールドは〈フリーメイスン組織に第三階級のマスター・メイスンが導入されたのは、一七一七年から一七三〇年の間であったのは間違いないが、各ロッジにおける導入は徐々に時間をかけて進行したので、象徴メイスンリー全体として、いつから第三階級が始まったのか正確な導入時期を特定することはできない〉と述べている。

(六) 宗教

グランド・ロッジの創設による数々の変化の中で、フリーメイスンの将来に一番大きな影響を及ぼしたのは汎宗教性と汎宗派性への変化であった。石工の建築実務の時代にはそこに居住し、就業する地域の宗教・宗派を信仰することは石工職人がその地域社会と融和するために必要であり、キリスト教徒以外の異教徒であるユダヤ系などは改宗しないかぎり、石工団体の会員となることはできなかった。だが、ここにそれまで唯一の宗教としてきたキリスト教から離れて汎宗教的となり、一七二三年憲章に以下の記述がみられる。

〈メイスンは道徳律を遵守せねばならぬ。科学を正しく理解するならば、愚かな無神論や不信心な自由奔放主義におちいることはない。古代においては石工職人はその就業、居住している国の宗教を信仰するように導かれてきたが、今や何を信仰するかは個人の判断である〉

この表現には多少不明瞭な点を含んでいるとはいえ、フリーメイスンの将来に大きな影響を及ぼす変化の第一歩であった。これまで実務の石工団体の中で宗派を特定せずに漠然と守られてきたキリスト教中心の考え方から、現在のフリーメイスンの「宗教、宗派を問わず」の基本理念確立の出発点であった。

その結果、今日、一部の排他的キリスト教宗派からはフリーメイスンは異端的であるとの非難を受けることがあるが、その反面、キリスト教の諸々の宗派をはじめとして、ユダヤ教、イスラム教、仏教、モルモン教などを包容する「汎宗教的、汎宗派的」な友愛理念が実現することになった。

一七二三年当時のフリーメイスンの汎宗教的理念確立の経緯にはいくつかの説があり、一説にはまだ人々の記憶に生々しい十七世紀前半の欧州における、三十年戦争に代表される宗派間の確執を主原因とした長期間の戦乱の惨禍(さんか)と、この世紀を通じて西欧各地でのカソリック、プロテスタント、英国国教会の中に起こった各宗派間の紛争・迫害・混乱の経験を考慮し、友愛団体フリーメイスンの内紛の可能性を取り除くため、この部分は除去して、個々の会員の選択とするのが最善の解決策と考えたものであったといわれる。

一六〇〇年のイングランドで上演された『ベニスの商人』の中に露骨に示されたように、中世のキリスト教一色の時代には西欧の各国・各地において「キリスト教拒否民族としてのユダヤ人」の排斥は当然とされ、回教徒などの異教徒への反感も、十一世紀に始まる十字軍以来、欧州の一般社会に深く根づいていた。

しかし、少なくとも英米系のメイスンリーにおいては、一七二三年の憲章によって汎宗教性が確立されるとともに排斥は終わりを告げ、ユダヤ系その他の異教徒を受け入れた。地域により受け入れの時期は異なるが、今日では当然とされているあらゆる人種とすべての宗教・宗派を受け入れ、その訪問・入会を認める「人種、国籍、宗教、宗派を問わず」の原則が実現された。

（七）儀典の改訂

この頃、イングランドにウィリアム・プレストンという人物が現れた。エジンバラに生まれ、幼少時代には神童ともいうべき英才ぶりを発揮して、六歳の時には早くも高校に入学したが、父が若死にして収入を絶たれたため大学を中退し、言語学者トーマス・ルディマン教授の秘書になった。

一七六〇年にはロンドンの王室印刷所に勤務し、記事の校正・編集をしている間に多数の著名有識者の知己を得て、一七六三年、ロンドンの古代系の「ロッジ・ナンバー・一一一」へ入会した。このロッジは「近代」からも認証を受けていて、両グランド・ロッジの合同後は「カレドニアン・ロッジ・一三四」として現存している。プレストンは次第に多数のロッジの重複会員となり、メイスンリー関係の講演者としても有名になって儀典を研究し、文才を発揮して、この頃、第一階級の儀典を改訂した。

この人物のメイスンリーに残した最大の功績は、各階級の儀典と講義の完成だった。象徴メイスンリー確立の五十年ほど後に現れたこの人物は、古来の儀式、慣行を精細に調査し、創設したばかりのプレミアー・グランド・ロッジの儀典の不備に気づき、これを推敲（すいこう）・潤色し、徹底的に手を加え、グランド・ロッジの了解のもとに従来の儀典を根本的に改訂した。その結果、儀典も講義もすべての関係者から「最高の格調化」と激賞される水準に達した。

彼の完成した儀典と講義は新約・旧約両聖書のほかにシェークスピアなど多くの文学作品を部分的に借用し、高い風格を示す不朽の名作である。その儀典と講義は、一八一三年のグランド・ロッジの合同後は多少の短縮化はあったが、今日、全世界のグランド・ロッジが採用している儀典・講義の基本原型として、厳粛・華麗とも形容すべき格調を誇るフリーメイスン儀式の基調となった。この点に関するプレストンの業績はメイスンリー史上、最大の功績と評価されている。

しかし反面、歴史家としてのプレストンは美文と推測におぼれ、根拠に欠ける主張を無批判に史実として受け入れ、これを拡大解釈したため、史家としての業績は現在の歴史研究者には無視されている。正確性より詩文性・美文性を追求した著述家であった。

(八) 服装

建築実務の石工職人にとっては、手袋と前掛け（エプロン）は作業中の石工職人の手と衣服を保護するための必需品であった。この服装の作業上の必要性はやがて伝統的な服装となり、メイスン会員の正規の服装には手袋とエプロンは欠かせないものとなった。十七世紀頃から入会者は先輩会員に手袋とエプロンを贈る習慣が始まり、これを「ロッジを着装する」（クローズィング・ザ・ロッジ）と称した。

今日、残されている服装に関する最古の規定は、スコットランドのアバディーン・ロッジにある一六七〇年の規定で、新入会者は「ロッジを着装する」ように定められていて、イングランドでは一七〇八年のアニック・ロッジで聖ヨハネの日に全員エプロンを着用し、ベルトにはスクエアー（直角定規）をつけるように規定されていた。

後になると、ロッジ内での動作の不便さが原因と思われるが、手袋の使用は就任式や葬式など特別の機会に限られる場合が多くなり、グランド・ロッジによりまちまちであったが、場合によっては手袋の代わりに籠手（こて）を用いるグランド・ロッジもあった。手袋に関してはややまちまちだが、エプロンだけはすべての正統的なメイスンにとって絶対に必要な服装であり、これを着用しないと集会中のロッジへの入室を認められない点は共通している。

エプロンにそれぞれのグランド・ロッジの規定で許されている各種の装飾を施すことはできるが、エプロンそのものは正統的なメイスンの不可欠の象徴である。

（九）標章

フリーメイスンの標章として、スクエアー（直角定規）とコンパスの標章は誰にでも知られているが、この定規とコンパスが必ずしも石工という職業に限った工具でないのは当然である。十七世紀のイングランドでは大工職や建具職団体などもコンパスその他の工具を組み合わせた標章を用いていたし、ロンドンにあった石工会社のギルドも十五世紀以来、コンパスその他を用いた飾り紋章を許されていた。

今日よく知られている直角定規とコンパスの組み合わせが、フリーメイスンの最初の標章として初めて現れたのは十八世紀後半であった。それ以前において創立直後のイングランドのプレミアー・グランド・ロッジが採用していた標章は、左右対称ではない足の長さの異なる直角定規だけを標章として用いていて、この標章にはコンパスは使われていなかった。

初めての直角定規とコンパスの組み合わせは、一七六二年のスコットランドのアバディーン・ロッジの公文書のシール（公印）にみられるが、このロッジのそれ以前のシールは紛失しているため、いつ頃からこのデザインが用いられたのかは正確にはわからない。その後、この組み合わせは各地のロッジで広く使われ、直角定規とコンパスの間に「G」を入れて、今日一般に使用されているデザインは、標章製作を職業としていたある宝石商によって偶然に考え出されたアイデアで、商品化されてメイスン会員の間で好評を得て一般的になったものにすぎない。

暴露出版物の流布

グランド・ロッジの成立後、このように規定や服装、宗教上の方針などがだんだん固まり、メイスンリーが世界各地に広がり始めると、一般社会の目もそれまでの単純な好奇心から警戒心をまじえるようになり、会員の相互認識の秘密のベールへの暴露出版本(エクスポゼー)が現れるようになった。一七二三年憲章の発表された翌年、二四年には早くもロンドンにおいて次の表題をつけた著者匿名のパンフレットが発売されている。

「フリーメイスンの秘密大発見。急死せるメイスン会員の所持せる秘密文書大公開。
T・ペイン書店、六ペンス」

パンフレットはかなりの教養をもった実務の石工職人によって書かれたものと思われる。そこには建築実務の石工ロッジの性格がはっきり示されていて、後の象徴メイスンリーの儀典の影響はみられない。以下の問答はどこかの建築実務のロッジを訪れた石工職人の訪問者の資格確認のための試問であったものと思われる。

「何時なるや？
汝、多忙なるや？
汝、与えるや、奪うや？
如何にして直角に進むや？
汝、富めるや、貧しきや？
メイスンとは何ものなるや？
如何にして汝のメイスンなるを知るや？
入会の原点とは？

何処にてメイスンとなりしや？
汝のロッジは？
いずこに位置するや？
メイスンの正しきポイントは？
汝、ロッジの鍵を持つや？
如何に用いるや？
いずれに保管するや？
汝は鍵の鎖を持つや？

六時または十二時。
否。
両者、あるいは貴下の望むままに。
直進。
いづれにもあらず。
人の子、女より生まれ、王の兄弟。
合図、握手、入会の原点により。
我、聞きて覆う、罰は喉をかき切られ、舌は元より引き抜かれる。
正規にして完全なるロッジにて。
聖ヨハネのロッジ。
東から西。すべてのロッジも同じ。
東の窓、日の出を待ち就労す。
しかり、有す。
開きて閉じ、閉じて開く。
象牙の筐の中、舌と歯の間、すべての秘密を納める心の内。
しかり、有す。

その長さは？

宝章は？

灯火は何個？

かたどれしものは？

柱は何本？

そは何を表すか？

如何にして正午を知るや？

ロッジの位置は？

正規のメイスンの歩数は？

挨拶をなせ。


エルサレムの言葉を与えよ。

宇宙の言葉は？

尊敬さるべきブラザーよ。貴兄の兄の名は？

ブラザーMまたはN、貴兄を歓迎します」


舌より心臓までの長さ。

三個、直角の石材、ダイヤモンド、直角定規。

三個、東、西、南。

父と子と聖霊。

二本、ジャキンとボアーズ。

教会の力と安定。

太陽が南を離れ、西に移動する時。

宮殿の西、ソロモンの回廊、二本の柱の間。

三歩。

わが所属する崇高なるロッジの尊敬されるべきマスターおよびフェローよりの挨拶をお届けし、偉大なる神の恵みのもと、この集会を開ける崇高なる貴ロッジに対してご挨拶を申し上げます。

ギブリン。

ボアーズ。

NまたはM。

一七二四年頃からの数年間は、毎年一、二冊の割合でフリーメイスンに関する批判めいた出版物や暴露ものの刊行があった。これらの出版物はある場合にはフリーメイスンに反感をもつ者によって書かれることもあり、また時には単なる金銭目的だったと思われる。著名な暴露ものとしてはサミュエル・プリチャードと名乗る人物によって一七三〇年に刊行された『メイスンリーの解剖』がある。これは三十二頁の小冊子だったが版を重ね、フランス語、ドイツ語、オランダ語に翻訳された。

プリチャード自身、メイスン会員であると自称していたが、プリチャードがどこのロッジの会員であったのかは不明で、匿名を用いて入会していた可能性もある。今日、プリチャードの名前は当時のどこのロッジの記録にも発見されない。しかし、ロンドンのあるロッジにそれらしい訪問者の署名が残されているから、もしかすると試問をごまかして会員といつわってロッジに潜入し、訪問を繰り返して儀式の内容を盗み覚えた可能性も否定できない。

内容は儀式の第一階級から第三階級にまでわたっていて、前掲の石工ロッジの訪問者への試問とは違って、内容は十八世紀前半当時に使われていたと思われる象徴メイスンリーの儀典のほぼ全貌が示されている。細部においては不正確な点があると思われるが、マスター・メイスンの第三階級がこの時点である程度、普及していたことが

MASONRY
DISSECTED:
BEING
A Univerfal and Genuine
DESCRIPTION
OF
All its BRANCHES from the Original to this Prefent Time.
As it is deliver'd in the
Conftituted Regular Lodges
Both in CITY and COUNTRY,
According to the
Several Degrees of ADMISSION.
Giving an Impartial ACCOUNT of their Regular Proceeding in Initiating their New Members in the whole Three Degrees of MASONRY.
VIZ.
I. ENTER'D 'PRENTICE, II. FELLOW CRAFT. III. MASTER.
To which is added,
The Author's VINDICATION of himfelf.

By SAMUEL PRICHARD, *late Member of a* CONSTITUTED LODGE.

LONDON:
Printed for J. WILFORD, at the *Three Flower-d-Luces* behind the *Chapter house* near St. *Paul's*. 1730. (Price 6*d*)

Mafonry Diffected. 27

and making the fame Reply, he received a greater Blow, and at the third his *Quietus*.

[139] Ex. What did the Ruffians kill him with?
R. A Setting Maul, Setting Tool and Setting Beadle.

[140] Ex. How did they difpofe of him?
R. Carried him out at the Weft Door of the Temple, and hid him under fome Rubbifh till High 12 again.

[141] Ex. What Time was that?
R. High 12 at Night, whilft the Men were at Reft.

[142] Ex. How did they difpofe of him afterwards?
R. They carried him up to the Brow of the Hill, where they made a decent Grave and buried him.

[143] Ex. When was he mifs'd?
R. The fame Day.

[144] Ex. When was he found?
R. Fifteen Days afterwards.

[145] Ex. Who found him?
R. Fifteen Loving Brothers, by Order of King *Solomon*, went out of the Weft Door of the Temple, and divided themfelves from Right to Left within Call of each other; and they agreed that if they did not find the Word in him or about him, the firft Word fhould be the Mafter's Word; one of the Brothers being more weary than the reft, fat down to reft himfelf, and taking hold of a Shrub, which came eafily up, and perceiving the Ground to have been broken, he Hail'd his

D 2 Brethren,

プリチャードの暴露本の表紙と本文の一部

The *Daily Journal*, Friday, 23 October 1730

This Day is Publifhed,
(Dedicated to the Right Worfhipful and Honourable Fraternity of Free and Accepted Mafons,
The SECOND EDITION, of
MASONRY DISSECTED: Being a Univerfal and Genuine Defcription of all its Branches, from the Original to this Prefent Time; as it deliver'd in the Conftituted Regular Lodges both in City and Country, according to the feveral Degrees of Admiffion. Giving an Impartial Account of their Regular Proceeding in Initiating their New-Members in the whole Three Degrees of Mafonry, viz. I. Enter'd Apprentice. II. Fellow Craft. III. Mafter. To which is added, The Author's Vindication of himfelf. By SAMUEL PRITCHARD, late Member of a Conftituted Lodge.
Printed for J. WILFORD, at the Three Flower-de-Luces behind the Chapter-Houfe, near St. Paul's. Price 6 d.
N. B. There is prefixed to this Account, a True Copy of the Affidavit made before Sir RICHARD HOPKINS, of its Truth and Genuinenefs in every Particular, without which all other Accounts are fpurious, and grofs Impofitions on the Publick.

The *Daily Journal*, Saturday, 31 October 1730

This Day is Publifhed,
(With a Lift of the Regular Lodges, according to their Seniority and Conftitution)
The THIRD EDITION, of
MASONRY DISSECTED: Being a Univerfal and Genuine Defcription of all its Branches, from the Original to this Prefent Time; as it is deliver'd in the Conftituted Regular Lodges both in City and Country, according to the feveral Degrees of Admiffion. Giving an Impartial Account of their Regular Proceeding in Initiating their New-Members in the whole Three Degrees of Mafonry, viz. I. Enter'd Apprentice. II. Fellow Craft. III. Mafter. To which is added, The Author's Vindication of himfelf. By SAMUEL PRITCHARD, late Member of a Conftituted Lodge.
Printed for J. WILFORD, at the Three Flower-de-Luces behind the Chapter-Houfe, near St. Paul's. Price 6 d.
N. B. There is prefixed to this Account, a True Copy of the Affidavit made before Sir RICHARD HOPKINS, of its Truth and Genuinenefs in every Particular, without which all other Accounts are fpurious, and grofs Impofitions on the Publick.

The *Daily Journal*, Tuesday, 20 October 1730

This Day is Publifhed,
(Dedicated to the Right Worfhipful and Honourable Fraternity of Free and Accepted Mafons, and the Author's Affidavit before Sir Richard Hopkins prefix'd)
MASONRY DISSECTED: Being a Univerfal and Genuine Defcription of all its Branches, from the Original to this Prefent Time; as it deliver'd in the Conftituted Regular Lodges both in City and Country, according to the feveral Degrees of Admiffion. Giving an Impartial Account of their Regular Proceeding in Initiating their New-Members in the whole Three Degrees of Mafonry, viz. I. Enter'd Apprentice. II. Fellow Craft. III. Mafter. To which is added, The Author's Vindication of himfelf. By SAMUEL PRITCHARD, late Member of a Conftituted Lodge.
Printed for J. WILFORD, at the Three Flower-de-Luces behind the Chapter-Houfe, near St. Paul's. Price 6 d.

The *Daily Journal*, Wednesday, 21 October 1730

This Day is Publifhed,
(Dedicated to the Right Worfhipful and Honourable Fraternity of Free and Accepted Mafons, and the Author's Affidavit before Sir Richard Hopkins prefix'd)
The SECOND EDITION, of
MASONRY DISSECTED: Being a Univerfal and Genuine Defcription of all its Branches, from the Original to this Prefent Time, as it deliver'd in the Conftituted Regular Lodges both in City and Country, according to the feveral Degrees of Admiffion. Giving an Impartial Account of their Regular Proceeding in Initiating their New-Members in the whole Three Degrees of Mafonry, viz. I. Enter'd Apprentice. II. Fellow Craft. III. Mafter. To which is added, The Author's Vindication of himfelf. By SAMUEL PRITCHARD, late Member of a Conftituted Lodge.
Printed for J. WILFORD, at the Three Flower-de-Luces behind the Chapter-Houfe, near St. Paul's. Price 6 d.

プリチャードの暴露本の広告文

確認され、さらにソロモン＝ハイラム伝承にまで言及がある。

当時のロッジで使われていた儀典は文書としては残されていないため、今日となっては儀典内容の確認が困難なので、この種の暴露ものは当時の儀典の大筋を推定するための貴重な資料となっている。プリチャードはソロモン＝ハイラム伝承の一部分を次のように描写している。

〈十五名の敬愛すべきブラザーたちは、ハイラムの死体が、東西に六呎（フィート）、深さ六呎の墓に埋められているのを見いだし驚いて「神に感謝します。我らがマスターは苔の棺におさめられました」を意味する言葉を述べ、丁重に死体をおおい、しるしとして桂皮（カシア）の一枝を墓の頭部に植え、戻ってソロモンに報告した〉

〈ハイラムの死体を引き起こす時、人差し指で持ち上げたため、すでに腐敗していた皮膚が剥がれ、これを「スリップ」と称した〉

本書が出版された一七三〇年十二月、グランド・ロッジは傘下のロッジに対して当分のあいだ、会員の署名による保証のないかぎり、未知の訪問者を受け入れないように指示している。

ソロモン＝ハイラム伝承

ソロモン＝ハイラム伝承というのはソロモン王神殿の建設に指導的役割を演じたハイラム・アビフという人物の殺害にまつわる伝説である。後にその死体が発見されて再度埋葬される経緯であり、フリーメイスンでは生命の危険をおかしながらも誓約を守って、秘匿事項を守り抜いた誠実の教訓として重視されている。

ソロモン王神殿の建設にまつわる唯一の情報源は旧約聖書だが、列王記と歴代志には金属職の専門家として「ハイラム」という人物の名前が記されているが、「ハイラム・アビフ」の名前はみられない。フリーメイスンの数々の疑問のうち、今日にいたるも正確に解明できないことの一つが、この「ハイラム」がどういう経緯から「ハイラム・アビフ」となり、この名が建築家としてフリーメイスン伝承の中に現れてきたのかという疑問である。

中世の「古代訓戒写本」には旧約聖書の人物が現れることが多いが、写本の中にはどこにも「ハイラム・アビフ」の名前はみられない。前述の一五八三年の古代訓戒写本、「グランド・ロッジ写本（一号）」にも、ソロモンの名はあるがハイラム・アビフの名はなく、これよりも古いクック写本にもツロの国（著者注：英語読みでは「タイヤー」）

のハイラム王の子がソロモン王神殿の建設に関与したとの記述はみられるが、名前は記されていない。

現在、大英博物館所蔵の十七世紀のランドダウン写本には、〈さらに「イラム」と呼ばれた国王があり、ソロモン王を深く敬愛し神殿建設のための木材を提供した。王には王子があり幾何学にすぐれ、神殿の全工事を担当した石工職人の指導者であった〉と記しているだけで、これも王子の名前にはふれていない。しかし、このあたりが十八世紀になって「ハイラム・アビフ」という建築家の伝説をつくり出した発生源かもしれない。

フリーメイスン関連の記述で初めて「ハイラム・アビフ」の名前の現れるのはアンダースン博士の一七二三年憲章の歴史部分で、博士は憲章の中で「ハイラム・アビフ」の名前に言及している。〈タイヤーの王は、王と同名の人物でハイラムあるいはヒューラムという名の石造建築に秀でた者をソロモン王のもとに送った〉と記し、注釈として「ヒューラム・アビ」「ハイラム・アビフ」の名を述べ、その出生はハイラム王の父の石工頭であり建築家であったとし、さらに〈ハイラム・アビフはナフタリ族の寡婦の子でアビフはその姓である〉としている。

しかし、一七二三年憲章の中にはハイラム・アビフの名前は出てくるものの、その業績や殺害に関する記述はみられない。現在、百冊以上発見されている「古代訓戒写本」の中でハイラム・アビフの殺害に関する伝承記述を含むものは、すべてアンダースンの一七二三年憲章発表以降に書かれた写本だから、博士の一七二三年の記述がヒントとなって伝承がつくり出されたものと思われる。

また、一七二六年に手書きされたと考えられる「古代訓戒写本」の一つ、グラハム写本には大洪水の後、ノアの死体が息子たちにより墓より掘り起こされる伝説が述べられていて、これがアンダースンの一七二三年憲章のハイラム・アビフに関する記述と結びついて、ハイラムの殺害と死体発掘伝承のヒントとなったように思われる。

アンダースン博士が後年記述した一七三八年憲章では、ハイラム伝承はより具体的となり、ソロモン王神殿の完成後、建築家ハイラム・アビフの急死により、完成の喜びはたちまち悲しみと変わり、死体は神殿近くに古式に従って埋葬されたと述べられている。そこから、一七二三年から一七三八年の間に、アンダースンの一七二三年憲章の記述やその後に書かれたグラハム写本のノア伝説などを発生源として、この伝承が当時のメイスン会員の間に定着し、数年後には儀典に取り入れられるようになり、一七三八年憲章に記されたものと考えられる。

ソロモン＝ハイラム伝承はこうして十八世紀の前半、フリーメイスンの教訓伝承として取り入れられ、後に儀典の一部となった。儀典の中に旧約聖書の人物や関連の伝説を採用するのは問題ないが、本来、教訓的伝承であるソロモン＝ハイラム伝承を二十一世紀の今日でも、フリーメイスンの実際の発祥起源と考え、これをフリーメイスン史の一部とする著述が現れたり、わが国でこれを翻訳して商業出版している例がある。だが、これは史実と伝承の愚かしい混同以外のなにものでもない。

アイルランド、スコットランドへの影響

以上、十七世紀の石工の時代から十八世紀のロンドンの組織化を皮切りとする影響を展望してきたが、イングランドで起こった変化が狭い海峡を隔てたすぐ隣のアイルランドに響かないはずはなかった。アイルランドでも十七世紀頃から多数の「セインツ・ジョン・ロッジ」が各地にあったようで、一般大衆の間にメイスンリーの基礎情報が常識となっていたから、イングランドでのグランド・ロッジ創立の知らせに対してすばやい反応が起こった。それがアイルランドにおける早期のグランド・ロッジ創立の動きにつながったものと思われる。

アイルランドでは、前述のように一七八〇年以前の記録がほとんど消失しているので、一六八八年のダブリン大学教授の講演中の冗談じみたコメントを除いては、フリーメイスンに関する記録はほとんど残されていない。しかし、十八世紀に入ると正式な記録ではないが、一七二五年のダブリン・ウィークリー・ジャーナル紙に六月二十

四日の「伝道者聖ヨハネの日」にダブリンのキングス・インでグランド・ロッジ総会があり、ロスの公爵リチャードがグランド・マスターに選出されたことが報じられている。これはまず間違いない報道と思われるから、ダブリンの全アイルランドを管轄するグランド・ロッジの開設は、この新聞記事に基づいて一七二五年とされ、二十世紀に入ると一九二五年には開設二百年祭を祝った。

◎レイディ・メイスン

アイルランドのメイスンリーには、一つだけほかに例を見ない変わった伝承が残されている。フリーメイスンでは女性を受け入れることは古代からの慣行として禁じられている。実務時代の建築工事に体力の違う女性が男性にまじって作業することの危険性と、ロッジ内での男女の共同生活の困難が主原因と思われるが、アイルランドには女性会員（レイディ・メイスン）の伝承が伝わっていて、ダナレイル子爵の息女、エリザベス・セイント・レジャーが若い時に正式にフリーメイスンに入会したといわれる。

セインツ・ジョン・ロッジの時代と推定されるが、何年かの正確な記録はなく、伝承と傍証による推測だが、この女性は一七一三年に結婚していて、それよりも前のある年、まだ小娘だった頃にロッジの大時計の中または壁の割れ目に隠れていて、フリーメイスンの儀式を見てしまった。この儀式が全階級だったのか、あるいは儀式の一部だったのかは不明だが、彼女の隠れていたことがわかり、その見聞きしてしまった秘匿事項を守らせるために、正式に入会させて秘守の宣誓をさせなければならなかったといわれる。

アイルランドの「レイディ・メイスン」といわれたエリザベス・セイント・レジャー

もちろん、全部が作り話の可能性も否定はできないが、この女性の名前が一七四四年のメイスン関係文書の定期購入予約者のリストの中に他の男性会員にまじって現れていて、アイルランドの多数のロッジには彼女がメイスンのエプロンをつけた絵が飾られている。現在もニューマーケットの館には彼女がつけたと伝えられるエプロンが残され、後に彼女の孫息子にあたるダナレイル卿が「ロッジ・ナンバー四四」のロッジ・マスターに就任している。このロッジがこの女性の入会したロッジであったといわれる。

イングランドとアイルランドの情勢はスコットランドにも影響し、象徴メイスンリー組織化の発想は一七二五年頃にはスコットランドにも根づき始めた様子で、この頃、重複会員が初めて認められたことがエジンバラのロッジに記録されている。

スコットランドのグランド・ロッジがエジンバラに創立されたのはかなり遅い一七三六年だった。しかし、イングランドの小規模な創立やアイルランドの記録をともなわない創立とは異なり、グランド・ロッジ開設の賛否を問う投票集会には全スコットランドの約三分の一にあたる三十三のロッジからの出席があった。これ以前にスコットランド出身の六人の著名な貴族が、イングランドでグランド・マスターに就任していたのが影響したものと思われる。

事前に主要ロッジの間で繰り返しの打ち合わせがあり、一七三六年十一月の集会で古くから世襲グランド・マスターの家系の伝承をもつロスリンのウィリアム・サン・クレアーの選出により、スコットランドのグランド・ロッジは正式に発足した。

二つのグランド・ロッジ（イングランド）

イングランドでは一七一七年の開設からプレミアー・グランド・ロッジは革新的な理念のもとに、各ロッジがそれまで経験したことのない効果的な管理方針を採用し、新たに傘下に加入するロッジも数多く順調に拡大していた。

しかし、表面上の発展とは裏腹に傘下に入っていないロッジの間には「プレミアー」の革新的な方針を冷たい目で見ている一群もあり、一七五一年、同じロンドンに本格的な対抗勢力が誕生した。「古代グランド・ロッジ」の出現である。「古代」に対して「プレミアー」は「近代グランド・ロッジ」と呼ばれ、この対立は十九世紀初頭まで続いた。換言すると一七五一年以降、十九世紀初頭にかけてのほぼ六十年間のイングランドには、二つの主要なグランド・ロッジが存在したことになる。

一七四七年に「プレミアー」のグランド・マスターに就任したバイロン卿には職責上の怠慢があり、傘下ロッジには不満と無気力が潜在していた。傘下ロッジの不満と無気力の結果、卿の退任した一七五二年までの五年ほどの間に、四十五以上のロッジが毎年一回のグランド・ロッジへの納付金の納入をおこたり、これによって認証を取り消される事態となった。この時期、四十五というロッジ数はロンドン地区の全ロッジのほぼ三分の一にあたり、「プレミアー」の内蔵する不満と無気力は対立相手の出現をうながすものであった。この情勢下に一七五一年、「古代グランド・ロッジ」が出現した。

最初の記録によると、六ロッジがロンドンのソーホー地区のターク・ヘッド・タバーンに集会し、これに参加したロッジ・マスターにグランド・マスターの臨時代行として、他ロッジを認可する権限を与えることで合意した。さっそく一ロッジが認可され、合計七ロッジが発起人となって発足した。

一七五二年二月にはグランド・マスターが就任し、同時にアイルランド出身のローレンス・ダーモットがグランド・セクレタリーに選出された。しかし、新グランド・ロッジの会員が主としてアイルランド系の中間所得層を中心とした庶民的なものであったため、しばらくの間はなかなか貴族のグランド・マスターを迎え入れることができなかった。五年後の一七五六年になってようやくブレッシングトン伯爵を迎えることができたが、この在職は名目的なもので在任中、伯爵が集会に出席したことは一度もなく、諸々の管理業務はダーモットによって処理されていた。

「古代」グランド・ロッジはイングランド在住のアイルランド系会員を主体とする七ロッジによって創立されたが、この七ロッジは例外なく古代グランド・ロッジの創立以前に近代系プレミアー・グランド・ロッジの傘下に入ってはいなかったから、十八世紀後半の著述家が「古代グランド・ロッジ」の創立を解説して、「プレミアー」からの「分裂」とか「脱退」とか述べているのは明らかに不適切な表現である。

通説では、プレミアー・グランド・ロッジが一七三九年に実施した「合言葉」の変更が、古代グランド・ロッジを生み出す直接の原因であったといわれ、ローレンス・ダーモットもこの変更に強い反感を示した記述を残している。

「プレミアー」が「合言葉」の変更を実施したのは当時、急増した「暴露記事」などの影響によって部外者の集会への潜入を防ぐ目的であったと思われるが、ダーモットはこれを「プレミアー」の古代慣行に対する過激かつ無礼きわまる変更であるとして強く非難した。「プレミアー」が合言葉を変更したことによって、そのグランド・ロッジの傘下に入っていないかぎり、他ロッジから訪問することが困難になるからであった。

フリーメイスン会員の間では未知のロッジを訪問する場合には、たとえ文書による身分証明書をもっていても、知り合いの会員が同席・保証しないかぎり、最初に合言葉や儀式の中の秘匿事項を試問され、この試問を通過して初めて会員と認められて訪問を許される。したがって、グランド・ロッジ間の合言葉や秘匿事項が共通でないと、ほかのグランド・ロッジ傘下の会員は相互認識が不可能となり、未知のロッジを訪問することができなくなる。

「プレミアー」はこの相互訪問の重要な要素である合言葉を簡単に変更して、会員の相互訪問を不可能にしてしまったのだから、これに対する非難はどのメイスン会員にも容易に理解されうる論点であった。しかし、一七九一年ダーモットが死去し、これをきっかけとして両グランド・ロッジの中に次第に和解の機運が醸成され、水面下の折衝が続けられていた模様で、一八〇九年四月、「近代」は次の決議を採択した。

「一七三九年に採決された非正規メイスンに関する規制（著者注：これは一七三九年の『合言葉』の変更を指す）を取り消し、傘下ロッジには古代道標と慣行に立ち返ることを命ずる」

この合言葉の変更取り消しの指示は、「近代」の「古代」に対する全面的降伏であった。これを受けて「古代」も数ヶ月後の十二月にいたって軟化し、合同準備委員の任命に踏みきり、ここにおいて合同は軌道に乗り始めた。

十九世紀末においてイングランドの合同・グランド・ロッジは、傘下に海外の七百五十のロッジを含めて約五千のロッジをもち、約四十万人の会員を擁していた。

補稿　スープリーム・グランド・ロッジ

一七七〇年からわずか五年間の短期間だったが、イングランドにおいてスコットランド系のメイスンたちによって、「スープリーム・グランド・ロッジ」という小さな団体が創設され、数ロッジを傘下に維持していたが、この間「古代」とは親密な関係にあった。このグランド・ロッジは結局、短命に終わり、その存在は歴史的にはほとんど意味をもたなかったが、それ以後のフリーメイスンの慣行に新たな一面を開いた。この頃まで「近代」や「古代」をはじめとし、アイルランドやスコットランド、すべてのグランド・ロッジが公式には傘下ロッジを番号だけで呼んでいた。

しかし、イングランドの近代グランド・ロッジだけでも十八世紀中に五回のロッジ番号の改訂があり、ほかのグランド・ロッジも似たりよったりの番号改訂をしていたため、ロッジの番号が改訂されるたびに個々のロッジ番号が変わり、あるロッジを特定するのに混乱が起こったので、この慣行は十九世紀初頭まで記録者や史家たちを悩ませていた。

だが、この不便と混乱は短期間存在した「スープリーム・グランド・ロッジ」によって簡単に解決されてしまった。このグランド・ロッジは初めて「〇〇ロッジ・ナンバー〇〇」のように、ロッジ名と番号を併記したため、従来の混乱はほぼ完全に解決された。この慣行は現在、全世界のほとんどすべてのグランド・ロッジにより採用されている。

第3章　欧州への展開

十八世紀前半、イングランドに最初のグランド・ロッジが創立されると、象徴メイスンリー組織化の発想は数年後には対岸のフランスへ伝播した。フランスではこの発想は多くの貴族や有識者の熱狂的な支持を受けたが、英国よりの伝播から十数年たつと基本の三階級に加えて「多階位」と呼ばれるフランス式の新しい階位が生み出された。

この多階位発生を引き金としてその後百年ほどの間、十九世紀半ば頃まで、欧州、新世界、さらにある程度は英国まで巻き込んだ混乱が起こり、非正統的なメイスン団体が発生したり、これと正統的な三階級との間に紛争が起こったり、混乱が生じたりした。また、詐欺まがいの事件が発生したり、偽説が唱えられたり、数々の変則的な事態が生じたりもした。

本章ではメイスンリー伝来後の百年間ほどの欧州の混迷とその経過に言及するが、ここに述べる混乱、紛争、虚説、古文書発見のたぐいは当時の欧州の混乱の一端にすぎない。

フランスへの拡大

フランスの十九世紀半ばの著述家ペデギエールは一八四一年の著書の中で、中世フランスにおける石工職人団体「コンパニュナージュ」に言及し、〈この石工団体がはるか昔から建築業務に活動していた点については疑問の余地がないが、所属員たちはあまりにも自分たちの殻にこもりがちで閉鎖的であったため、優れた技術と伝統と慣行をもっていたにもかかわらず独善に傾きがちであり……〉と述べている。

この石工団体はかつて十二世紀にはゴシック様式など当時の先端技術を開発し、西欧各地にその建築技術を拡大する能力をもっていたが、結局、石工団体のままにとどまり、象徴メイスンリーに変化したり、一般社会に影響を及ぼしたりすることはなかった。しかし、一七一七年のロンドンのグランド・ロッジにより象徴メイスンリーの理念が確立され組織化が始まると、この発想はフランスやオランダを窓口として欧州大陸へ波及した。

組織化の発想はフランスへは一七二〇年代に伝えられたが、イギリスからの伝来の時期や地域、関係者名などの細目は今日でも不明確な点が多く、この頃、自然発生的な数ロッジがパリその他にできたといわれる。しかし、多数の著書や記述の形で残されている初期フランスのロッジの発生状況の記述は正確性を欠き、発生当初の状況の完全な把握は困難である。

この状況をマクロ的に展望すると、一七二〇年代からパリを中心とするフランスに少なくともいくつかの象徴メイスンリーのロッジができ、その後の十年ほどの間に急速に発展し、貴族社会や政府要人、有識者の間に拡大した模様である。一七三七年四月二十五日付けの新世界アメリカのボストン・ガゼット紙はパリからの最新情報として、〈近時、パリにおいてフリーメイスンが流行し始め、最近も十八ないし二十名の著名人の入会があった。現在、パリには、五ロッジがあり、オランダにおける例のように急速に広がるものと思われる〉と報じている。

この時期のフランスにおける多数の著名人の熱狂的な参入ぶりはある程度、一七三七年三月に行われた騎士アンドリュー・ラムゼイの講演に影響されたものであったのかもしれない。

騎士ラムゼイの講演

騎士アンドリュー・ラムゼイはこれから述べる講演を除いては、メイスン会員としての実績はほとんど残さなかったが、この講演はどうやら後に述べる「多階位」の発生と関連があるようなので、この人物についてはやや詳しく記述する。

アンドリュー・M・ラムゼイは一六八〇年頃、身分は特別高くはなかったが、スコットランドのエアー地方の裕福な家庭に生まれ、エジンバラ大学に学んだ。一七一〇年オランダにおもむき、カムブライの枢機卿フェヌロンの下でローマ・カソリックに入信し、この後、フランス王家の二人の王子の教師となり、その功によって騎士（シヴァリエ）の位を授けられた。

一七二四年、当時ローマに亡命中のイングランドのスチュワート家のジェームス二世（老王位要求者）の二人の息子の教師となり、そのうちの一人は後のチャールズ・エドワード（若き王位要求者）であった。

ラムゼイは十五ヶ月ほどこの職にあり、一七二八年イングランドへ戻り、オックスフォード大学で民法学博士号を受けている。これはカソリック教徒としては、一五三五年の英国国教会の発足以来初めてのオックスフォードでの博士号授与であった。数冊の著述があり、中には各国語に翻訳されて好評を博したものもある。一七二九年三月十六日のロンドンのイーブニング・ポスト誌は、ラムゼイがほかの著名人とともにフリーメイスンへ入会したことを伝えている。

前述したように、次に述べる有名な講演を除いてはラムゼイのメイスン会員としての業績には特筆すべきものはなかったが、この講演はその後のフリーメイスンリーの中に本人の予想もしなかった多階位発生という結果を引き起こしたものと思われる。ラムゼイ自身、講演時に「グランド・チャンセラー」（総長）の肩書きを自称しているところを見ると、フランスのメイスン会員の間ではある程度の知名度はあったようだが、この「グランド」の称号は当時の欧州大陸における曖昧な感覚によるもので、単に「尊敬すべき、名誉ある、高貴な」くらいの意味である。今日のフリーメイスン団体で用いられる公式の定義に基づくグランド・ロッジ役員としての資格を示すものではない。

アンドリュー・ラムゼイの講演自体、なんらかの階級の儀式に関連する講演程度のものであったものと考えられる。講演は一七三七年三月二十一日、パリの「グランド・ロッジ」と称するロッジにおいて行われた。しかし、当時のフランスには今日のフリーメイスンの基準に基づくグランド・ロッジはなく、正式なグランド・ロッジの成立要件などは当時のパリのメイスン会員の念頭にはなかったようである。

詳細は後に細かく述べるが、ラムゼイは講演の中で近代象徴メイスンリーの発生母体を中世の石工職人団体ではなく、キリスト教を信奉する十字軍であったと主張した。ラムゼイはこれによってローマ教会よりの好意を期待したものと思われる。彼は講演の前日、現在コピーが残されている原稿を以下の書簡とともに当時のフランス首相であったフルーリー枢機卿に送っている。

〈明日の集会の席上にて小生に予定されている講演の原稿をご披見賜りたいと存じ同封いたします。この原稿はすでに関係当局によって検閲ずみでありますが、明日の午前中に小生の手元にご返送いただければ幸せと存じます〉

講演翌日の三月二十二日のフルーリー宛の書簡では、ラムゼイはさらに続けて次のように述べている。

〈貴卿がフリーメイスンリーに対して不快の念をお持ちの由、初めて拝承いたしましたが、小生の集会での講演の目的は悪徳の是正以外の何ものでもありませんでした。もし猊下（げいか）のご判断でこの団体の長としての適任者をご選定いただければ、これに過ぎるものはありません〉

これに対して、フルーリーは書簡の余白に自筆で「国王陛下はこのようなことをお望みにならない」と記している。この書簡は講演前後のカソリックの枢機卿のフリーメイスンに対する反応と、ラムゼイの空想的で楽観的な性格を示していて、ラムゼイ講演の日付はこれでほぼ特定できるが、集会場所は依然として明確ではない。

この講演後、ラムゼイがフリーメイスン集会に現れた記録は発見されず、彼はこの六年後、六十二歳くらいで死去した。ラムゼイの講演はフランス語だったが、以下の講演内容の要約はロバート・グールドの『フリーメイスン史』の中の英語訳よりの引用である。


〈わが団体の目指すものは世界を一大共和国となし、各国民はその家族、個人は子供となり、ともに同一の道徳観、宗教観、価値観の下に家族的結束を目指すものであります。かくてわが団体の発展は全人類を益するところとなり、すべての国民はその知識を高め、互いの利益を損なうことなく助け合い支え合うことができるのであります。この目的でドイツ、イタリア、イングランドその他の国々のグランド・ロッジですでに技術、科学の共通語辞典の刊行に取り組み、作業は現在ロンドンにおいて進められております。

われわれのかつての十字軍はすべての国々の民を一丸として異教徒にあたり、われわれの今日あるのはこれら祖先の尽力の賜物なのでありますが、わが団体の祖先は単なる石工職人の団体や建築工事に従事した技術者の集団ではありません。我らが祖先は、崇高なる神の殿堂を守り異教徒を教化した宗教戦士なのであります。

十字軍は異教徒の蛮行とそのあやまれる理念を平和的かつ有益なる和合に変えることを目指しました。十字軍は聖地にキリスト教寺院の再建を誓い、古代の合図、合言葉を定め、これを秘密とする誓約により、すべての国民をキリストの教えの下に結集したのであります。今日、われわれの共有する秘密の合言葉は戦闘時に、十字軍をサラセンの敵軍と判別するための友軍識別の合言葉なのであります。

わが団体はやがてエルサレムの聖ヨハネの騎士となり、ここに「セインツ・ジョン・メイスン」の名が生まれました。彼らはついでイスラエルの先例に従い片手に鏝（こて）とセメントを持ち、ほかの手には剣と楯を携えてソロモンの第二神殿の建設に従事し、かくしてはるか古代に建立された聖地の回復を図ったのであります。

パレスチナよりの帰還後、王、大公、貴族たちは最初のロッジをドイツに開設し、ついでイタリア、スコットランドにも設けました。スコットランドのスチュワート公ジェームスは一二八六年、キルウィニングのグランド・マスターとなり、イングランドのヘンリー三世の子エドワード王子、後のエドワード一世は第八回目の最後の十字軍遠征の敗軍を率いてイングランドへ帰還した後、ここを本拠としてわが団体の庇護者となる旨を宣し、そこに初めてフリーメイスンなる名称が用いられたのであります。

以来、イングランドはわが団体の本拠となったのでありますが、十六世紀の西欧に端を発した軋轢は、団体の貴族発祥起源を忘却させ、儀典は改訂され変更されました。ですが、「栄えある儀礼」はイギリス諸島より再び欧州へ立ち戻り、わが団体の精神的中心、フランスの地に返り咲き、今や団体の儀礼、規約、慣習すべては優雅と洗練に満ちあふれ、その根幹である智と力と美となったのであります〉

この講演には二つの主要要素が含まれている。第一はアンドリュー・ラムゼイの強い空想性によるものと思われるが、フリーメイスンの理想をフランスを中心とする世界の全国家の一大集団とすることにおいている点である。しかし、全国家を一大集団とする発想などは、フリーメイスン理念の中にはどこにも存在しないし、またかつて存在したこともないから、すべてはラムゼイの夢の所産というほかかない。

第二はフリーメイスンの発祥起源を十字軍であったとの新説をつくり出し、その発生母体を中世の石工団体という、いわば卑賤の出自から騎士や貴族に置き換えてしまった点で、これも空想というほかはない。この種の空想的発祥起源説はこの講演の十数年前の一七二三年憲章の中にアンダースン博士がフリーメイスン発祥起源を旧約聖書や西欧古代史に求めたのと同種の発想であった。しかし、ラムゼイの十字軍発祥起源説はその後のメイスンリーの中に、種々の反響を引き起こした。

講演の後、フランスのメイスンリーには従来の三階級に加えて多数の階位が発生した。ラムゼイ講演が原因で三階級以外の「多階位」が発生したのか、あるいは当時のフランスにすでに「多階位」が存在していて、それに影響されてラムゼイが講演を行ったのか、いずれが鶏か卵かは確定できない。だが、ラムゼイの講演は次項の「多階位の発生」と密接に関連しているように見える。

「多階位」の発生

「多階位」というのは、イギリス諸島に数世紀にわたって存在していた二階級と、後に十七世紀前半に付け加えられた第三の階級による象徴メイスンリーの基本の三階級に、さらに付け加えられた数々の階位のことで、十八世紀半ばのフランスを中心とした混乱の所産である。

混乱はその後、百年間ほどにわたり、次第に整頓され、後には体系化された。だが、本来の象徴メイスンリーの三階級発生の建築業務の職業上の必然性を基本とする階級とは違う点が多いから、本書においてはこれを区別し、これら後から付け加えられたものは「階級」ではなく「階位」と呼ぶこととする。だが、一般には依然として「階級」と呼ばれる場合が多い。

騎士ラムゼイの講演との直接の因果関係は明確ではないが、講演以後、ローマ教会とフランス政府からフリーメイスンへの圧力は急速に強まり、講演の翌年、一七三八年四月二十七日にはローマ法皇クレメンス十二世は他宗教・他宗派との間に友愛関係を助長しようとするフリーメイスン理念を異端であるとして、フリーメイスン団体とその全会員に対して破門状を発した。破門の時点において法皇がラムゼイのパリ講演を知っていたのは間違いないものと思われ、一七三九年にはラムゼイの著書がローマにおいて審問官により焼却処分を受けている。焼却された文書が講演を印刷した冊子であったのか、彼の別の著書であったのかは不明である。

ラムゼイ講演後の法皇の動きはすばやく、講演翌年の一七三八年のフリーメイスンに対する破門状には「至急」の注意書きがつけられている。しかし、弾圧しようとする教会と当局の意向に反して、フランスのメイスン会員たちは破門状を無視して、貴族や政府高官を主体とする集会を続けた。ロッジ数も増加した模様で、ジェームス・アンダースン博士も（その記述の信頼度は低いものの）一七三八年の二つ目の憲章に、その頃イングランド・グランド・ロッジによりパリで認証されたいくつかのロッジの存在を記している。

これより七十年ほど後のフランスにおける最初の本格的フリーメイスン史であるC・A・トリーの一八一五年の著作『メイスンの業績』によると、一七四三年十二月十一日、パリにおいてグランド・ロッジ総会が正式に招集され、クラルモン伯爵をグランド・マスターに選出したと記されている。しかし、このグランド・ロッジによる傘下ロッジの管理は変則的であった。

ロッジ・マスターは所属会員による選出ではなく、ラテン語で「アド・ヴィタム」（終身制）と呼ばれ、終身にわたってロッジ管理の権限を与えられた。結果、ロッジは必然的に私有化され、これら普通のロッジが規定を無視してほかのロッジに開設の許可を与えたり、正式の手続きを経ずに入会を受け入れたりしたといわれる。またグランド・ロッジは地方のロッジの要望と不満を無視して、パリのロッジ・マスターのみによる総会を開き、パリの会員だけをグランド・ロッジ役員に任命して運営していた。

多階位を出現させた原因については、今日いろいろの推測がある。一説には新たにフリーメイスンリーを知り、感銘を受けた会員たちが古代からの伝承や史実の中にフリーメイスンリー的な理想・教訓・象徴などを見いだし、これをフリーメイスンリーに結びつけ、己の味わった感銘をほかの会員に伝えようとして、急増する新設のロッジの中に新たな階位をつくり出したといわれる。またほかの説ではメイスン会員を破門したローマ・カソリックからの次第に強まる圧力を回避するため、従来の正統的な階級とは異なる階位をつくり出したともいわれる。

さらにもう一つの推測では、フランスの新グランド・ロッジの採用した「アド・ヴィタム」（終身制）によるロッジの私有化も、この傾向に拍車をかけたとしている。あるロッジが新階位を案出すれば、その階位の授与によってロッジの収入は増え、ほかのロッジはその新階位の内容を知らないから同じものを授与することはできない。新階位を案出したロッジは階位の授与による収入が増えるとともに、権威を誇ることができ、各ロッジが競争で新階位をつくり出すことになったという。

このような情勢下で一七四〇年頃から、フランスのメイスンリーの中に「多階位」が発生し始め、十九世紀初頭にいたるまでの数十年間、フランスを中心とする欧州各地に、従来の正統的な象徴三階級に加えて数百の階位が人工的かつ無秩序につくり出され、さらにこれらの多階位を管轄する「多階位団体」が出現した。これら変則的に発生した多階位や団体は次第に淘汰され消滅し、正規のグランド・ロッジによって教訓的な存在意義を認められた一部の多階位のみが生き残った。

今日ではこれらの生き残った多階位団体は正統的なグランド・ロッジの承認する一定の資格をもつマスター・メイスンのみを会員として受け入れ、基本三階級の補足として付加的団体となり、今日のメイスンリーの中に存在している。

一七四〇年代に入って無数の多階位が急速に発生したから、一連の多階位の発生とラムゼイ講演の間に因果関係があった可能性は大きい。講演に刺激されて多階位がつくり出された可能性もあるし、反対にラムゼイ講演前にすでに多階位の発想が存在していて、ラムゼイは単にこの発想に刺激されて講演を行った可能性も否定できない。いずれとも断言はできないが、ただ一つ確実なのは、今日、ラムゼイの講演のあった一七三七年以前には、メイスンリーの中に従来の三階級以外の階位に言及した記録・記述・階位名の類はいっさい見られず、三世紀近くを経た今日までそれらの記録の発見されていないという事実である。多階位の名称やこれに言及した記録・記述はすべて一七三七年以降のものである。

十八世紀前半以降の百年間ほどのフランスのメイスンリーの歴史は、多階位団体からの正統的三階級のメイスンリーへの優位性の主張や管轄権の要求と、これをめぐる紛争の歴史で、三階級の象徴メイスンリー団体は当然のこととして、その正規性・正統性を主張した。

一方、新たにロッジの中にできてきた新興の多階位団体は、三階級のメイスンリーよりも上の階位（四階位とか五階位とか、あるいはそれ以上の階位）を称していたから、これを理由として上位団体であると主張し、従来の三階級メイスンリーへの優位性、時には管轄権までを要求し、紛争は十九世紀前半まで続いた。

グランドリアンの誕生

十八世紀後半、フランスのグランド・ロッジは傘下に約三百のロッジがあり、多くのロッジで三階級の象徴メイスンリーと多階位団体が同居していた。一七七一年、グランド・マスター、クラルモン伯爵の死とともに長期にわたるグランド・ロッジの変則的な運営方針に対する不満が表面化し、一七七二年には新派閥が結成された。

新派閥は地方のロッジを含む全フランスのロッジ・マスターによる運営と終身マスター制（アド・ヴィタム）の廃止を主張し、翌七三年、グランド・ロッジは「旧グランド・ロッジ」と新派閥である「国民グランド・ロッジ」に分裂した。全ロッジによる合議と終身マスター制の廃止を主張した「国民グランド・ロッジ」は後に「グランドリアン」（わが国では「大東社」と訳している）と改名して、次第に主導権を握り始め、やがては全フランスのメイスンリーを傘下におくようになる。

「グランドリアン」は地方ロッジを含む傘下全ロッジの代表を招集し、終身マスター制を廃止し、この一七七三年だけで傘下に六十四ロッジの新規開設があったのに対して、旧グランド・ロッジはわずかに三ロッジの増加にとどまっている。

この時期のグランドリアンはメイスンリーの正統性を重んじ、多階位問題に対しても一七八二年には基本方針決定のための調査委員会を発足させた。当時のグランドリアンは、この問題の研究と規定案の提出を命じ、次第に革命前夜のフランスにおいて旧グランド・ロッジをしのぐ指導性を発揮していった。

革命前夜のフランスは旧グランド・ロッジもグランドリアンもともに繁栄を謳歌していた。旧グランド・ロッジはパリ、地方、植民地に合計百三十以上のロッジを擁し、グランドリアンはさらに発展していた。グランドリアンは国内と軍隊、植民地などに合計六百以上のロッジを管轄下におき、傘下ロッジの中に三百近い多階位団体支部を抱えていた。

しかし一七八九年、フランス革命が始まると、二年後には旧グランド・ロッジ系のロッジは全面的に集会を停止せざるを得なくなった。グランドリアンもグランド・マスター、オルレアン公が一七九三年には身の危険を感じて「グランドリアンその他一切のフリーメイスン団体との絶縁」を公表したが、彼はこの年十一月にギロチンにかけられてしまった。

革命中のパリで集会を続けていたのはグランドリアン系の三ロッジのみで、革命後の一七九六年のグランドリアンは地方に十八ロッジが復活した。だが、パリでは逆に一つ減って、残ったのは二ロッジだけで、合計二十ロッジにすぎなかった。「旧グランド・ロッジ」はさらに厳しい状況で、革命後の一七九六年の再開時にはパリのロッジ・マスターは全員が恐怖政治時代に処刑されてしまい、一部の地方ロッジが残っただけであった。

このようなありさまだったから、旧グランド・ロッジは革命の落ち着いた一七九九年には実質的にはグランドリアンに吸収合併されて支配下に入らざるを得なかった。グランドリアンはそれまでの終身マスター制を五年間の猶予期間とともに廃止し、ロッジ・マスターはロッジ所属の会員による選出となった。この効果は現れ、一八〇二年にはロッジ数は多階位団体の支部も含めてほぼ百五十に復活した。

政治とは明確な一線を画すことを基本理念としていた英米系の正統的なメイスンリーとは異なり、この時期フランスにおいては政治との分離原則を厳密に保つのは困難であった。フランスでは十八世紀前半のイングランドからの伝来以来、指導的立場のメンバーが主として王族や皇族、政府高官、高級軍人などによって占められていたのと、政治情勢が権力をめぐってめまぐるしい変転を繰り返したためであった。全体の情勢把握を容易にするため、当時の欧州の政情にふれると大筋、以下のとおりである。

一八一四年、ナポレオン一世はエルバ島へ流され、翌年にはブルボン王朝のルイ十八世が復位した。しかし、この年三月になるとナポレオンは島を脱出して、再びフランスへ戻り、六月のウォーターローの敗戦後、今度はセント・ヘレナへ幽閉され、ここでその波乱の生涯を終えた。

しかし、王政復古後のルイ十八世に対する市民の反感は根強く、政情不安定のうちに一八三〇年にルイ・フィリップが即位した。だが、ブルボン朝による圧制に対する市民の不満は解消されず、一八四八年には二月革命の結果、再び共和制に移行した（第二共和制）。

ナポレオン一世の甥ルイ・ナポレオンが大統領に就任し、数年後の一八五二年には国民投票によって皇帝となった（第二帝政）。だが、ルイ・ナポレオンは普仏戦争による敗戦のため一八七〇年に退位。パリ・コミューンを経てフランスは再び共和制となり、現在の第三共和制となっている。この間、ドイツはオーストリアを除いて四十近い公国から成り立っていたが、一八七一年にウィルヘルム一世が南北ドイツを統合して単一国家となり、ビスマルクを宰相とする立憲君主国となった。

十九世紀前半のこの時期は、フランスのメイスンリーにとっては過去の混乱を清算して正統性を復活し、再出発する好機だった。しかし、十八世紀前半以来の多階位による混乱と、これを原因とする逸脱傾向はおさまる様子もなく、フランスにおけるメイスンリーは十九世紀前半にはさらに混迷の度を深めた。

多階位団体の一つである「スコッツ儀礼」や「ロイヤル・アーチ」が次第に勢力を強め、グランドリアン傘下の多くのロッジはその内部に三階級の象徴メイスンリーのほかに多階位団体も抱えて階位を授与した。多階位の会員は三階級の象徴メイスンリーに対して、自分たちの優位性と管轄権を主張した。グランドリアンはこの風潮を抑圧し、本来の三階級のメイスンリーの正当性を維持しようと試みたが、結果は多階位団体の会員たちの不満が増えただけであった。

フランス革命とこれに関連する政情不安定の中にあった欧州のメイスン会員は、種々の発祥起源説や多階位の伝承の氾濫に惑わされて、真偽の区別がつかなくなり、今日から見ると理性の喪失としか思えないような混乱が起こった。混乱は一八六〇～七〇年頃まで続き、以後八五年頃にかけて一群の研究者の手によって物証に基づくフリーメイスン史が発表された。

混乱は象徴メイスンリーがイギリス諸島の石工団体を祖とするか、あるいはその影響下に発生したとの考え方が一般に定着するまで続いた。この混乱期の影響を受けたさまざまな記述や著書が今日、わが国において売文家のフリーメイスン・ストーリーやトンデモ本の種本となっている。

ジャコバイトとフリーメイスン

「ジャコバイト」というのは十七、八世紀のイギリスを中心とする西欧の政治運動一派の呼び名である。一六〇三年、ヴィクトリア女王の死去にともなってスコットランドより招かれ、イングランドの王位についたジェームス一世によりスチュワート王朝が始まったが、次のチャールズ一世の即位以降、議会との間に宗教上・経済上の激しい摩擦が生じた。

清教徒革命の結果、王は処刑され、次の名誉革命を経てスチュワート家が欧州大陸へ亡命したことは前述した。このスチュワート家のイギリス王位の回復をはかろうとする一派が、カソリック系を中心とする政治勢力「ジャコバイト」である。ジャコバイトの名称は亡命したジェームス二世（老王位継承者）のラテン語の「ジェームス派」を意味し、スチュワート家の出身地であるスコットランドは十七、八世紀を通じてジャコバイト勢力の温床となっていた。

本来はフリーメイスンとはまったく無関係な政治勢力なのだが、メイスン会員でこの一派に加盟する者や同情的な者が多く、ジャコバイト側も自らの政治目的達成の手段としてフリーメイスンを利用し、時には反対にフリーメイスンを攻撃しようとした。

◎クロムウェルのフリーメイスン創始説

ジャコバイトのフリーメイスン「攻撃」（というか「利用」）の一例として、クロムウェルによるフリーメイスン創始説が発表されたこともあった。

清教徒革命によるチャールズ一世の処刑に大きな役割を演じたのは、十七世紀のイングランド議会の指導者オリバー・クロムウェルであった。本人は処刑への関与を否定しているが、関与のあったのは間違いないといわれ、実際に革命の原動力となったのはクロムウェルの軍事的・政治的指導力にあった。

革命からほぼ八十年後、チャールズ一世を処刑したオリバー・クロムウェルがフリーメイスンの創始者であったとの説が現れた。これもジャコバイトのつくり出した虚説の一例で、当時の政治情勢を巧みに織りこんで「ありそうな話」にしたもので、当時のフリーメイスンを取り巻く混乱を暗示している。

フランスのカソリック聖職者アベ・ラリュダンは熱心なジャコバイトであって、多数のフリーメイスン関連の記述を残したが、クロムウェルの革命からほぼ百年後の一七四六年、『フリーメイスンの崩壊』という一書を発表した。その中に「フリーメイスンは十七世紀半ばの清教徒革命当時、クロムウェルにより創設された」という「新事実」を打ち出した。大要は以下のとおりである。

「一六〇〇年代半ばのクロムウェルは、チャールズ一世との確執が次第に深まり、国王に対抗するには議会と英国国教会の支持を取りつける必要があった。一六四八年のある夜、クロムウェルは国会議員や国教長老会のメンバーなど多数の有力者を招いて晩餐会をもよおし、その席上、後にフリーメイスンと呼ばれる団体の創立計画を発表して出席者の好奇心をかきたてた。

数日後、再び自宅に会議を招集して霊界との交流をよそおい、団体の本質を神への尊崇と平和の追求にあると説明し、出席者の中からマスターその他の役員を指名した。やがて隣の別室に導かれると、そこにはソロモン王神殿の廃墟が描かれてあった。

そこで全員目隠しをされ、秘密の合言葉を教えられ、団体への加盟を誓約し、神への信仰、自由、平等の理念に基づくイングランド共和国創設に協力することを宣誓した。やがてクロムウェルは彼自身が創設したこのフリーメイスン団体を基盤として、政治勢力を結集してイングランドを共和国とする革命的目的を達成した」

十七世紀半ばのイングランドの政治情勢を考えると説得力に富む記述で、この中のクロムウェルがフリーメイスンを創立したとされた「一六四八年」の翌年、一六四九年一月三十日には戦闘に敗れたイングランド王チャールズ一世は群衆と騎兵隊の面前で斬首刑に処せられている。しかし、アベ・ラリュダンの主張するクロムウェルによる「一六四八年のフリーメイスン創設」に先だって、スコットランドでは多数のロッジへの入会が記録として残されている。それに、イングランドでは決定的な反証として、この「一六四八年」の二年前の「一六四六年」に前述の古事研究家のイライアス・アシュモールがランカシャーのワーリントン・ロッジにおいて入会した様子が詳細な記述とともに残されている。

つまり、ラリュダンの創始説の少なくとも二年前のイングランドにおいて、象徴メイスンリーのロッジが実在したことが立証されているのである。アベ・ラリュダンは自分の独創的な創始説に対して、アシュモールがその死後にオックスフォード大学へ寄贈した資料の中から、「アシュモール日記」という決定的な反証が発見されるとは予想もしなかったものと思われる。

「レランド文書」の発見

十八世紀半ばの英国のフリーメイスン研究者の間に、衝撃的な古文書の発見があった。古くからイングランドの石工の間には国王の石工団体に対する庇護についての伝承があり、十五世紀のヘンリー六世はメイスンリーの熱心な保護者であったといわれたが、この文書は伝承の動かぬ確証であった。

しかし、文書の発見は複雑な経緯を経たもので、原本は十五世紀半ば当時の国王ヘンリー六世によって記述された。その後、写本が繰り返され、再写本が十八世紀半ばのドイツに現れて発表されたのであった。

写本の存在は十八世紀半ばに公表されたが、それ以降の百年以上にわたって、写本の真偽をめぐって欧州の多数の研究者を巻き込む大論争となった。その間、詳しい調査が行われ、賛否両論の立場から激しい対立となったが、同文書の発見はこの時代の混乱を代表する事件であった。

文書の発端は十五世紀のヘンリー六世の時代にさかのぼる。ヘンリー六世は幼少時の一四二五年、議会または側近の手により、石工職人団体の集会に対する開催規制の法令を布告した。布告の原本は現存していて、石工団体の賃金要求の抑制を目的としたものと考えられる。現代英語に直すとおおむね以下のとおりだが、これについては「中世イギリス諸島の石工職人」の項で前述した。

「石工職人の連合とその支部は例年の集会において労働諸法令を公然と無視し、国法と議会決議に対する違反は明白である。それゆえ国王は議会の勧告と同意に基づき、この種の集会を開催する連合と支部はこれを禁止するもので、以後、この種の集会を開催する連合や支部は重罪とみなされ、これらの連合・支部へ参加する石工職人は身柄を拘束され、罰金刑に処されるものである」

中世の石工職人の間の伝承では、このヘンリー六世が成人後に石工団体に入会し、これを庇護するようになったとされる。発見された文書（写本）の原本はその頃、王の御前で行われた石工同士の問答をヘンリー六世自身が記述したとされるものであった。

一方、これを写本したジョン・レランドという人物は、ヘンリー六世より百年ほど後の十六世紀初頭に生まれており、一五五二年に没した。彼は十六世紀前半、ヘンリー八世によって王室古事研究官に任命された当時の歴史学の権威である。

レランドは原文の書かれた百年ほど後の十六世紀、王命によりヘンリー六世によって記された文書を筆写した。その写本が百五十年ほど後、偶然に哲学者ジョン・ロックによって発見されて再度筆写された。これがペンブルーク侯爵のもとに送られ、その書簡と写本が十八世紀半ばの欧州で発見され、イギリスの有識者向け雑誌『ジェントルマンズ・マガジン』に発表されたのである。

同誌には以下の写本発見の経緯が述べられている。

一、「文書」の「原本」は十五世紀半ば頃、イングランド国王ヘンリー六世自らの手によって記され、石工職人の代表が国王の面前で行った石工団体に関する問答を記している。

二、これから百年ほど後の十六世紀半ばにいたって、当時の国王ヘンリー八世の命により、時の王室古事研究官であったジョン・レランドによってこの文書の「写本」がつくられた。

三、その後、原本は失われ、レランドの写した写本も行方不明となっていたが、たまたま一六九六年、イングランドの著名哲学者であったジョン・ロック（一六三二〜一七〇四）によって、ボドレイ図書館において写本が発見された。ロックはこの写本を再度筆写し、一六九六年五月六日付けの書簡とともに滞在中のサー・マシャムの館から、ペンブルーク侯爵のもとへ送った。再写本に際してロックは書簡の中に、写本は発見当時、すでに「百五十年ほど以前に写本されたもののように見える」と記している。

四、ロックの「再写本」と書簡がいかなる経緯によって、ドイツで発見されたのかは公表されていないが、一七四八年フランクフルトにおいて公表され、イングランドで前述のマガジンに掲載された。

以上が『ジェントルマンズ・マガジン』に発表された発見の経緯だが、ロックの「再写本」に記された問答は古代用語で、用語解の助けがなくてはとうてい判読できないといわれる。「再写本」に添付されていたジョン・ロックのペンブルーク侯爵に宛てた書簡とロックの再写本の主要部分は、十八世紀半ばのウィリアム・プレストン著『メイスンリー概説』の中で現代英語文に転換して以下のように述べられている。

〈閣下、

コリンズ氏の長期にわたる協力によりこの度、ボドレイ図書館にて「写本」を発見いたしました。閣下のご興味を引くものと拝察し、これを再度写本してお送り申し上げます。この「再写本」の欄外に書きこんであります「注記」はメイスンリーに強いご関心をお持ちのマシャム令夫人のご理解の便宜のために小生が付け加えたものでありまして、夫人自身、男子に生まれてきてフリーメイスンに入会できればよかったのになどと申されておられます。

図書館に現存する「写本」は「原本」ではありませんが、百五十年ほど以前に作成されたもののように見えます。閣下がそこに記された題名でおわかりのように、発見された「写本」自体、それよりも百年ほど前に書かれた「原本」の写しであり、「原本」はヘンリー六世の手書きによるものとされております。

ヘンリー六世がいかなる経緯でこれらの記述をなされたかは不明でありますが、小生の見るところ国王の御前で行われた石工同士の問答の記述のようであり、その後、ヘンリー六世陛下ご自身、フリーメイスンへ入会し、そのご幼少時に石工団体に対して加えられた規制を緩和したものでありましょう。

前置きが長くなりすぎました。閣下がこの文書にいかなる興味をお持ちになるかは存じませんが、小生自身は強い興味をもち、もし許されるならば、次回のロンドン上京時に同団体に加入したいものと存じております。

閣下の最も忠実なる下僕、
ジョン・ロック〉

以下は現代英語による、発見された写本の主要部分である。

〈フリーメイスンの神秘に関する質疑応答。ヘンリー六世により記述され、国王陛下（著者注：ヘンリー八世のこと）の命により王室古事研究官ジョアン・レィランド（著者注：古代の綴りにより現代英語の「ジョン・レランド」とは異なる）これを忠実に写本す。問答、以下の如し。

Q　そは何ものなるや。

A　そは自然の技、自然の力と日々の動きの解明。重量、容積およびすべての美麗なる装飾を理解し、憩いのための設備、建築物の建造など、すべて人々に有用なる技。

Q　いずれの時代より始まりしや。

A　西方の最初の人に先立ち、東方の最初の人により西方に伝えられり。その結果、未開、後進の地に進歩をもたらせり。

Q　西方へもたらせしは何人なりや。

A　偉大なる商人、ベニス人（注：フェニキア人）、東方より初めてベニスへきたる。商路は紅海、地中海を経て東より西へ向かう。

Q　いかにして東へ伝えられしや。

A　ギリシア人、ピーター・ゴォウアー（注：ピタゴラス）、エジプト、シリアその他の土地、すなわちベニス人によりメイスンリーの伝えられし地を旅し、すべての石工職人ロッジへの立ち寄りを許さる。多くを学びて立ちもどり、マグナ・グレシア（注：南イタリア）に居住し、偉大なる賢者として名声をなす。グロトン（注：クロトナ）において大いなるロッジを創立し、多くの者をフリーメイスンに入門せしむ。そのある者はフランスにおもむきてメイスンリーを広め、時の流れとともにその技はイングランドにも伝われり。

Q　フリーメイスンリーはその技を他の者に伝えうるや。

A　ピーター・ゴォウアーはその修行の旅にてまず入門し、ついで学べり。フリーメイスンは時の流れとともに他の者に有益なる秘術を伝え、未熟なる者には危険なるやもしれぬ技はこれを秘し、意欲ある者はこれをロッジに入門せしめ、互いの結束を固め、団体の繁栄をはかれり。

Q　フリーメイスンが人々に教える技は。

A　農業、建築、天文、幾何、算数、音楽、詩文、化学、政経、宗教。

Q　なにゆえフリーメイスンは他に優って多くを教えるや。

A　フリーメイスンは新たなる技を見いだす力をもつゆえ、また自らの利益と誇りのため。フリーメイスンは秘密とする技をもち、これにより外部の一切の秘技を知る。奇跡の技と予知能力を秘匿し、これにより邪悪な目的への利用を防ぐ。フリーメイスンはさらに変化の術、神秘を見いだす才、恐れずに善と完全を求むる技を隠し、さらにフリーメイスン特有の共通語を有す。

Q　それらの技は我にも得られるものなるや。

A　然り。貴下が学ぶに値し、その力があれば。

Q　すべてのフリーメイスンは他よりも多くを知れるや。

A　否。他よりも多くを学ぶ機会の与えられしにすぎず。多くの者はその機会を逸し、多くは実務にのみ傾倒し、目先の利にとらわれる者多し。

Q　フリーメイスンは他よりもすぐれし者なるや。

A　必ずしもすべてのフリーメイスンがすぐれし者にあらざるも、多くの場合フリーメイスンとなることにより、より善良となれり。

Q　世上にいわれるようにフリーメイスン同士は互いに敬愛しあうや。
A　大いに然り。互いの善良なるを知り、敬愛の念を深めるゆえ〉

『ジェントルマンズ・マガジン』は十八世紀後半のフリーメイスン研究者の間にセンセーションを巻き起こした。前にも簡単にふれたが、十五世紀前半、ヘンリー六世が幼少時に石工団体集会に対して規制を発したことは研究者の間には熟知されていた。一部の研究者はこの規制により石工団体は崩壊の危機に瀕したと考えたが、一方においてヘンリー六世が成人後に石工団体に入会し、これを庇護したとの伝承のあることも知っていた。

今回、発見された文書はそれまでの漠然とした庇護の伝承に対する物証であった。『マガジン』の発表後、多くの研究者がこの発見を著書の中に紹介し、一七六四年のフリーメイスン関係の小冊子『ポケット・コンパニオン』の改訂版に取り上げられ、著名な法律家であったウィリアム・ハッチンソン（一七三二〜一八一四）や十八世紀後半のイングランドの古代系グランド・ロッジのダーモットの著書、前掲のウィリアム・プレストンの『メイスンリー概説』、さらにはイングランドの近代系グランド・ロッジの一七八四年版の改訂憲章の中にまでメイスンの記録として言及された。

しかし、半世紀あまり後の十九世紀に入ると、この文書を疑いの目で見る研究者も現れてきた。著名なフランスのメイスン学者であったＣ・Ａ・トリー（一七五九〜一八二七）は一八〇六年の集会において、「レランド＝ロック文書」には信憑性が乏しいと言明し、その根拠として次の理由を挙げている。

一、ロックの数々の著書の中にこの文書発見への言及がみられない。

二、十八世紀前半までのイギリスにおいても西欧においても、この「写本」あるいは「再写本」の存在に関連するいかなる記述もみられない。

三、十八世紀前半、アンダースン博士が編集した二つの憲章（一七二三年および一七三八年憲章）において、ヘンリー六世の一四二五年の集会規制の布告には言及しているが、この文書への言及はない。

しかし反面、著名なフリーメイスン会員であり研究家であったオリバー博士は、積極的にこの文書の真正性を支持し、一八四〇年の『フリーメイスンリー四半世紀展望』の中で次のように述べている。

〈レランド文書は発見以来、今日まで百年近くの長期かつ広範囲な調査の結果、研究者の間に真正文書として認知されたものであり、これに疑いを抱くならば当然、今日までの調査の中にそれが明らかにされていなければ不自然である。特に前世紀

（著者注：十八世紀）末以降、その拡大発展にともないメイスンリーは文明社会の平和と信仰と叡知の宝庫として、多数の著書により、そこに含まれる諸々の知識が確認されるにいたっている。

この事実のみでも筆者はためらうことなく「書簡」がロックの記述であると断定するものであるが、さらに決定的な証拠としてこの著名な哲学者ロックは「書簡」を記した当時、実際にサー・フランシス・マシャムの館に滞在し、その後しばらくしてフリーメイスンに入会している。これはロックよりモリニュー氏に宛てた一六九六年三月三十日および七月二日付けの書面により確認されている。これらの理由により、この貴重な価値を有する写本の真正性にはいささかの疑念をも差し挟むことのできない旨をここに断言するものである〉

だが、一八三九年の大英博物館において最古のゴシック憲章「リージャス写本」を発見したハリウエル＝フィリップス博士は、メイスン会員ではなかったが、以下の理由によりこの文書を疑わしいと主張した。

一、ハリウエル自身が助手とともにボドレイ図書館において数年を費やして調査したが、結果的にはロックが発見したといわれるレランドによる「写本」の本体を見いだすことはできなかった。

二、ロックが作成したとされる「再写本」に使用された用語の綴字法が変則的で、「原本」がヘンリー六世自身の記述であり、またその百年ほど後に教養高い王室古事研究官であり歴史学権威であるレランドによって書かれた「写本」とは思えない。

三、ロックの「再写本」中に「ピーター・ゴォウアー」なる人物が現れ、この人物はロックによって「ピタゴラス」であると注釈されているが、これはピタゴラスのフランス語系発音からきたもので、ジョン・ロックが注釈を記したとされる一六九六年当時にはこの両者が同一人物であることは知られていなかったはずである。

これらの否定論に対して、十九世紀半ばにおいても強い反論があり、ある研究者は十七世紀末の当時の最先端の有識者であったロックが、すでに「ピーター・ゴォウアー」と「ピタゴラス」が同一人物であることを知っていたとしても不思議ではないと反論した。

こうしてレランド文書は、十八世紀前半から十九世紀半ばにかけ百年以上にわたって研究者の間でその真偽をめぐって論争の的となったが、結論に達するにはいたらなかった。しかし、中世から十七、八、九世紀にかけてのフリーメイスン史観に照らしてみると、レランド文書には総合的な歴史観からみて、いくつかの矛盾が含まれているのが注目される。二十世紀後半にいたってヘンリー・W・コイルは、その著『六世紀間のフリーメイスンリー』の中で次の指摘をしている。

一、この文書は原本がヘンリー六世によって記述されたとされているが、記述された十五世紀半ばの時代にはフリーメイスンリーは全面的に建築実務の石工職人の時代であり、一般人の非建築実務メイスンリーまたは象徴メイスンリーの要素は極度に限られていたはずであるから、石工の問答中に表れる非実務的要素は限定されていなければ不自然である。しかるに、この文書では逆に石工の建築実務に関する部分はわずかに「重量、容積およびすべての美麗なる装飾を理解し、憩いのための設備、建築物の建造など」と述べているのみで、その他のほとんどは石工業務以外の非実務的、象徴メイスンリー的な内容である。

二、原本が記述されたとされる十五世紀半ばは、多くの「古代訓戒写本」の記述された時代であるが、この文書には中世イングランドに残された「古代訓戒写本」との関連が非常に薄い。この文書にはギリシア人、イタリア人などへの言及が多いが、「古代訓戒写本」にはギリシア人やイタリア人への言及は全然みられず、逆にほとんどの「古代訓戒写本」に述べられているイングランドのアゼルスタン王やエドウィンなどイングランド伝承への言及がこの文書にはみられない。

三、さらに、この文書には「未熟な者に危険を及ぼすやも知れぬ技」との記述があるが、これは錬金術に類するある種の化学技術と推測され、同じ項に「奇跡の技」や「予知能力」などへの言及もあるが、これらの主題は十八世紀初頭以前のフリーメイスン関連の記述に表れたことはなく、フリーメイスン関連文書の中にこれらの主題の表れてくるのは十八世紀半ば、厳密には一七三〇年代以降である。

四、「主なる科学」としてこの文書には「天文、幾何、算数、音楽」のほかに「農業、建築、詩文、化学、政経、宗教」が述べられているが、後者の六つの科学は十七世紀以降にいたって西欧社会に取り上げられ流行となったものであり、それ以前にはこれらのいわゆる「科学」は学問の分野として取り上げられていなかった。まして原本の書かれた十五世紀半ばにおいて「政経」が科学の一部とみなされていたことはありえない。もしもこの時代に「政経」を学問の一部として取り上げたならば、王政に対する批判者あるいは反逆者とみられても不思議ではない時代であった。

五、このほか専門家の指摘によると、文書に用いられた用語や古文法に英語起源とは考えられない部分があるといわれ、フランス語起源またはドイツ語起源と推定されている。

以上、コイルが指摘する十九世紀後半以降のフリーメイスン史観に基づく矛盾点から判断すると、「レランド文書」は十八世紀前半、欧州のどこかで作成された偽作文書であり、そこには疑いをかわすための何段階かの安全装置が隠されていたように見える。

この文書出現の過程は時系列的には『十五世紀半ばのヘンリー六世の自筆（原本）』→『十六世紀半ばの王室古事研究官レランドによる（写本）』→『十七世紀末の哲学者ロックによる（発見）および（再写本）と（書簡）』→『十八世紀半ばのドイツにおける（発見）と（公表）』→次いで『イギリスにおける（刊行）』という複雑なステップを経ることによって、原本やレランドによる最初の写本の紛失の痕跡がつくろわれていて、偽作手法としてはかなりレベルの高い作品と思われる。おそらく一七三〇年代末頃から一七四八年の公表の間に、欧州のどこかで作成された偽作と推定される。

しかし一方において、「レランド文書事件」に対する研究者間の百年以上の長期にわたる論争や意見の対立は、メイスンリーに対する十八世紀の旧約聖書や古代訓戒写本に影響されたロマンティックな歴史観が十九世紀後半には終わりを告げ、次第に物証に基づく客観的な視点が主導権を握っていく過程を示している。

今日では「レランド文書」は何者かにより、なんらかの動機——金銭欲あるいは知的興味――に基づいて作成された文書と考えられている。

欧州諸国の混乱

イングランドからのメイスンリー伝来以来、フランスには多階位による混乱が百年ほど続いたが、他の欧州諸国も多かれ少なかれ正統性からの逸脱傾向を示した。

◎ドイツ

ドイツのメイスンリーもフランスと同様、他の欧州諸国に大きな影響を与えた。ドイツへのフリーメイスンリーの伝来は一七三〇年代から四〇年代にかけてだった。英国の地区グランド・ロッジの傘下として開設されたロッジもあり、国王特権によって創立されたものもあり、自然発生したロッジもあった。だが、大局的に見ると、イギリスから受け継いだ正統性と、フランスからの多階位による変則性、双方の混合で、十八世紀後半の三十年間ほどは多階位団体であった「ストリクト・オブザーヴァンス」（絶対服従派）の強い影響を受けて変則性を増した。

宗教面ではグランド・ロッジや個々のロッジによって異なるが、一般的にユダヤ系を受け入れない場合が多く、中には二十世紀初頭になってもユダヤ系会員の訪問や入会を受け入れないロッジも多かった。

ドイツの場合は十八世紀後半から数十の公国が順次統合されたため、歴史的・地政的な理由から、小規模なグランド・ロッジがハンブルグ、フランクフルト、ダルムスタッド、ドレスデン、ベイリュースなどの各地に出現し、ベルリンにはこの他に三つのグランド・ロッジがあった。これらの合計八つのグランド・ロッジは二十世紀前半、第二次大戦直前まで存続した。

第二次大戦勃発直前にこれら八つのグランド・ロッジを合計すると、全ドイツで六百三十のロッジにほぼ七万七千人の会員を擁していたが、一九三三年ヒトラーが実権を掌握すると、一九三五年には全ロッジの解体命令が出された。

一般的にいって、英米では三階級の象徴メイスンリーを中心として正統的な発展を遂げたのに対して、欧州では政治情勢の影響と多階位からの圧力によって変則的になっていった。この中で目立って特異な形態を示したのはスウェーデンであり、異常な結末となったのはロシアであった。

◎スウェーデン

一七五六年、イングランドはスウェーデンに地区グランド・ロッジを開設し、いくつかのロッジを認証した。その数年後にスウェーデン独自のグランド・ロッジが創立されたが、この国ではメイスンリーの基礎として他の国々とはかなり異なる特異な多階位儀礼が採択された。

儀礼は九階位で、その上に最高位として「ヴィカー・オブ・ソロモン」（ソロモン王に代わる者の意）階位があり、スウェーデン儀礼と呼ばれ、これは今日にいたるまで変わることなく続いている。

グランド・ロッジの宗教上の教義はキリスト教に限られ、他の宗教は受け入れないが、最高位の「ソロモン」はキリスト誕生のはるか昔の旧約聖書に現れる人物であり、キリストの遠い祖先とされている。だから、これをキリスト教徒とすること自体不合理なのだが、ここでは「ソロモン」は一種のキリスト教理念を代表する者とみなされている。

宗教理念における違いにもかかわらず、イングランドのグランド・ロッジとの間には長期にわたって親しい関係が保たれ、一七七〇年以来、今日まで相互友好承認関係が存続している。さらに他と変わっている点は、スウェーデンではメイスンリーは常に国王主権の直接庇護の下にあることである。国王は継続してグランド・マスターに就任し、いかなる国とも異なる特殊な形態である国権とメイスンリーの直接結合を形成して、今日にいたっている。

◎ロシア

ロシアにおいては十八世紀後半、イングランドの地区グランド・ロッジが開設された。十八世紀末のエカチェリーナ二世（またはカザリン）の時代以降、ロシアのメイスンリーは時の専制君主の意向と内部の確執により閉鎖と再開を繰り返していたが、ロシア革命直前の二十世紀初頭には規制はゆるくなり、当時のフランスのグランドリアンがペテルスブルグとモスクワにロッジを開設していた。

グランドリアンはこの頃すでに本国フランスにおいて基本理念を変更し、フリーメイスン団体としては変則的な政治活動の容認に踏み切っていたから、革命の勃発直前のロシアにおいてグランドリアン系のフリーメイスン会員は立憲制と共和制を要求し、この団体を母体として一九一七年のケレンスキーの三月革命が成立したといわれる。しかし数ヶ月後、レーニンやトロツキーによるボルシェビキの十一月革命が開始されると、ケレンスキー一派は全員追放あるいは処刑され、ロシアのフリーメイスンリーは崩壊した。

自由主義や民主主義を容認しないソヴィエト体制の下では、すべてのフリーメイスン活動は禁止された。七十年ほど後の二十世紀後期のソ連体制の解体後は、ロシア各地に欧州各国のグランド・ロッジ傘下のロッジが開設され、一九九五年には「ロシア・グランド・ロッジ」が創立された。二十一世紀初頭の現在、日本のグランド・ロッジとの間は相互承認関係にある。

◎その他

東洋においては十八世紀半ば以降、インドから始まり、東南アジア、中国に欧米系のロッジが開設と閉鎖を繰り返しながら次第に拡大発展を続けていった。世界のフリーメイスン史としては小部分にすぎないが、日本の場合は十九世紀半ば、幕末の開国とともに外国人が流入し、これら外国人のメイスン会員により居留地にロッジが開設された。これについては第6章「日本のフリーメイスンリー」で後述する。

グランドリアンの変化

フランスのグランドリアンは二十一世紀初頭の世界的視野に立ってみると、フリーメイスン団体としては少数派の異分子である。その基本理念には従来の慣行から逸脱した点があり、英米系の正統的メイスンリーとは相容れない点が多い。このため世界中のグランド・ロッジの大部分を占める正統的フリーメイスン団体との間には友好・承認関係がない。しかし、この変則性の始まった過去の経緯にはそれなりの必然性が内蔵されている。

十八世紀末の革命終了時には、フランス中のロッジ数は二十以下となってしまった。革命直前に旧グランド・ロッジから分裂したグランドリアンは、革命後のフランスのメイスンリーの主導権を握り、ロッジ私有化の悪習を改めるなど正統性に立ち返り、徐々に革命の打撃から回復し始めた。

しかし、一八一五年のナポレオンのエルバ島脱出による戦火の後、グランドリアンは再び傘下ロッジの約半数が休眠状態となり、一八一九年にグランドリアンとフランスのスコティッシュ・ライト評議会は合併して一体となった。

一八四八年、第二共和制の発足とともにグランドリアンは人心一新を目指して、憲章・規定を改めて宗教関係条項を明確にした。この動きは正統性の強化であった。

それまでグランドリアンの採用していた憲章の宗教条項は、イングランドの一七二三年憲章をそのまま翻訳したもので、汎宗教的・汎宗派的ではあったものの、かなり不明確な表現が用いられていた。一方、イングランドでは一八一三年、「近代」「古代」両グランド・ロッジが合同した後、一八一五年の改訂憲章によって「至高の存在への尊崇」を明確にした。

グランドリアンもこれにならって、一八四八年の憲章改訂では第二共和国の「自由、平等、博愛」の基本理念とともに、「至高の存在への尊崇と信仰」を会員の必須条件として明記し、グランドリアンの基本姿勢は正統性を強調したものとなった。

しかし、この正統性強化の動きとは裏腹に、二十年ほど後の一八六七年になると、グランドリアンは新世界において異常な行動を起こした。グランドリアンはこの年、ルイジアナ州にフランス系のスコティッシュ・ライト評議会を開設したが、この評議会は、ルイジアナ州を管轄しているグランド・ロッジに対して管轄権を要求したのである。

欧州とは違って、英国型のメイスンリーの正統性とグランド・ロッジの担当地域での権威が数十年にわたって定着し、これに基づく管理運営体制の確立していた北米のグランド・ロッジはこの時期、地域内の各種多階位団体との間に協調関係を築き上げ、安定状態の中にあった。この安定した環境の下で、ルイジアナ州のグランド・ロッジはフランス系スコティッシュ・ライト評議会の要求にショックを受け、全米各州のグランド・ロッジに訴えて支持を求めた。

グランドリアンはルイジアナに対して管轄権を要求しているフランス系三十三階位評議会と合併関係にあったから、当時の全米の三十近いグランド・ロッジはただちにルイジアナの要請に応じて、グランドリアンとの承認関係を断絶した。このあとフランスでは、一八七〇年の普仏戦争の敗北により、パリ・コミューンを経て第三共和制が始まるのだが、この頃からフランスのフリーメイスンリーは英米型の基本原則を離れて独自の道を歩み始め、一八七七年には次の決議をして再び憲章を改訂した。

（一）メイスン会員の必須条件として、従来の「至高の存在への尊崇と信仰」に代わって「良心の自由と人間性の確立」を基本理念とする。
（二）ロッジ内のリチュアル（儀典）から「至高の存在」の語を削除する。
（三）新・旧約聖書の「聖典」をロッジ内に置くか否かは個々のロッジの選択とする。

この改訂は、英米系の正統的メイスンリーにとっては古代慣行よりの全面的な逸脱であり、フリーメイスンの基本原則の改変であった。正統的メイスンリーにあっては、宗教・宗派は会員個人の選択だが、個々の信仰の象徴である「至高の存在」に対する尊崇はメイスン会員としての必須条件である。

また、聖典はキリスト教など西欧の宗教の基盤である旧約・新約の聖書とは限らず、回教の「コーラン」、その他の聖典でもよいが、石工時代の象徴としての直角定規、コンパスとともに「信仰する神性の象徴」としての「聖典」をロッジ内に置くことは、正規のロッジの絶対的な必要条件となっている。ところが、グランドリアンはここに革命的改変を宣言したことになる。

一般的には、グランドリアンの孤立が始まったのは、一八七七年の憲章改訂が原因と思われているが、実際にはこれよりもほぼ十年前の一八六七年のルイジアナ州でのグランドリアン系の三十三階位評議会による管轄権要求が直接の原因で、十年後の憲章改訂は孤立化への決定的なだめ押しにすぎなかった。世界中の正統的フリーメイソン団体から非難の的となったグランドリアンのこの時期の一連の問題行動を整理すると、以下に要約できる。

一、スコティッシュ・ライト評議会をグランド・ロッジの組織内へ吸収し、ロッジ内で三階級以外の階位授与を容認した。
二、女性の入会あるいは準メイスン会員化を受け入れた。
三、ロッジ集会における政治論議と活動を容認した。
四、ロッジ集会における宗教、宗派論議を自由化した。
五、人種問題、特にアフリカ系会員を受け入れた。
六、グランド・マスター制から評議員による合議制へ移行した。
七、ルイジアナなど他のグランド・ロッジの管轄権を要求した。
八、「至高の存在」への尊崇とロッジ内の聖典設置をロッジの自由選択とした。

しかし、これらの点についてヘンリー・W・コイルは二十世紀後半の『六世紀間のフリーメイスンリー』の中に大要次のような見解を述べている。

「グランドリアンのこれら一連の行動に対する批判には多くの不当な非難が含まれている。例えば、ロッジ内における三階級以外の授与については、北欧のスウェーデンにおいて十八世紀半ばから普通のメイスンリーとは異なる十階級制が採用されているが、この多階位制がなんの批判もなく容認されているという現実がある。女性会員の問題も米国内でも同様な発想があって、少なくともどの国でも女性のために外郭団体が設けられている。

また、ロッジ内の政治宗教論議に関しては、当時のフランスのメイスンリーのおかれた特殊な政治的・宗教的立場を理解すべきである。フリーメイスンリーは当時のフランスにおいては、圧倒的多数のカソリック勢力の中の少数派であって、この点、英米のように政治的・宗教的に自由な環境下の存在とは異なる状況のもとにあり、その汎宗派的・汎宗教的理念は常にカソリック勢力の非難の的であった。

アフリカ系の入会問題はグランドリアンが本来のフリーメイスンリー理念である『人種、国籍を問わず』の原則に忠実な行動をとったのみで、この原則に忠実でなかったグランド・ロッジ、特に人種問題が複雑で永い間、アフリカ系の入会問題を避けてきた米国のグランド・ロッジが、人種差別の解消を目指す基本理念の忠実な実行を非難するのは公正ではない。

グランド・マスター制の廃止と合議制への移行はフランスが導入した諸々の変化の一つであり、これが英米における慣行と異なるとしても、英米自身、十八世紀のグランド・ロッジ創立以来、古代慣行に対して数々の変更を加えてきている点を見過ごしてはならない。

この中で特に問題とすべきは、他のグランド・ロッジの管轄権の侵害で、この点は英米法的な見地からは容認できない。しかし反面、地域的な管轄権の概念自体が英米、特に独立後の米国において、十八世紀後半から十九世紀にかけて確立された比較的新しい法概念である点も考慮すべきであろう。

宗教問題も例外ではない。歴史的にイングランドでのグランド・ロッジ創立以前にはフリーメイスンリーの宗教に関する明確な定義は存在せず、今日の象徴メイスンリーの始まりである一七二三年憲章においても、この点に関する表現は不明確であった。フリーメイスンの宗教観は長い年月をかけて次第に定着してきたもので、イングランドの一七二三年憲章には不明瞭な表現が使用され、一八一五年の憲章改訂による明文化までの百年間ほどは不明瞭なまま放置されていた。また、メイスンリーにおける『信仰』の本質とその対象の定義は現在でも不明瞭な点があり、必須とされる『信仰』の定義も個人の見解によりその解釈は必ずしも一様ではない。

ロッジ内に『聖典』を置く必要性がリチュアル（儀典）の中に明示され、ロッジの神聖な『三大光明』（聖典、スクエアー〔直角定規〕、コンパス）の一つとして明示されるようになったのは一七六〇年頃以降のことであり、さらに『聖典』の定義は今日にいたるも明確にはされていない。旧約聖書も新約聖書もロッジ内の神聖なる備品とされてはいるものの、必ずしもこの二つの『聖典』に対する『信仰』が必要とされることはない。多くの研究者はメイスンリーの儀式に用いられる『聖典』は『個々の信仰のための聖典』ではなく、『個人がそれぞれに信仰する神性の象徴』であるとしている。

また、宗教問題に関する決議が原因でグランドリアンがメイスン社会から追放・排除されたと考えたり、グランドリアンは無神論であると考えたりするのは誤りである。グランドリアンが非難の対象にされた一八七七年の『信仰を会員個々の判断と選択にゆだねる』とする決議は、会員であったプロテスタントの牧師のブラザー・デスモスの提案であったことが記録されている。牧師であるデスモスが無神論者であったはずはなく、提案の理由はローマ・カソリックからの『フリーメイスンは教会の教えに反して、その会員を誤った宗教観へ導く』との非難を避けるためであった」

以上がグランドリアンに関するヘンリー・W・コイルの法律家らしい論理的かつ冷静な見解だが、これには説得力がある。グランドリアンの変則性に対しては今日でも多数の正統的メイスン会員が反感を抱いているかもしれないが、少なくともグランドリアンが現在の宗教観に転換したのは無神論的視点からではない。

今日、世界中の多数のグランド・ロッジがグランドリアンを承認せず、正統的なメイスン会員の中にはグランドリアンに対して不快感を抱く者もあることと思う。しかし十八世紀初頭以来、メイスンリーそのものが変化の過程をたどってきたのは事実であり、グランドリアンの選択した変化は正統的なメイスン会員にとっては変則的かもしれないが、それも数ある選択の一つであった。これを是認することはできないまでも、他人の選択が自分のそれと異なるという理由で、その選択を非難するのは公正ではないように感じられる。正規のメイスン会員としては「グランドリアンとは承認関係をもたない」のはやむを得ないが、少なくとも「敵対関係」となる必要はない。

フランスでは第一次大戦前の一九一三年、グランドリアンから離脱したリバコート博士を中心とする九ロッジによって新たに正統的な「フランス・国民グランド・ロッジ」が創立され、イングランドはただちにこれを承認した。その結果、第一次大戦後のフランスには「グランドリアン」と「フランス・国民グランド・ロッジ」の二つのフリーメイスン団体がある。このうち後から創立された「フランス・国民グランド・

ロッジ」は二十一世紀初頭の現在、全世界ほとんどの正統的なグランド・ロッジと相互承認関係にある。

第4章　植民地アメリカ

フリーメイスンリーは十七世紀から十八世紀半ばにかけての移住者の「セインツ・ジョン・メイスン」によって新世界アメリカへ定着していった。独立以前のアメリカはイギリスを中心とする欧州諸国の植民地であり、メイスン会員の移民が新世界へ上陸したと思われる十七世紀前半から十八世紀初頭にかけては、まだロンドンにグランド・ロッジが創立されていない時期だったから、ロッジは新世界各地に無統制に自然発生し、やがて独立戦争を迎える。

今日、世界最大のフリーメイスン人口を抱える北アメリカで、最初のメイスンの足跡がいつ、誰によって、どこに残されたのかは興味深い主題である。新大陸において最初に存在が記録され、確認されたメイスンは、前述のスコットランドの「アバディーン」の項で、一六七〇年のロッジ規約にマークとともに署名を残した二十七番目の商人、ジョン・スキーンと思われる（本書52ページ）。この人物は一六八二年にスコットランドからニュージャージーのバーリントンに移住し、そこで一六九〇年に死去したことが記録されている。この記録が誤りでなければ、この人物はアメリカ大陸において初めて存在を記録されたメイスンである。

ペンシルバニア

一七三〇年六月、ペンシルバニア在住のメイスンの要請によってダニエル・コックスという人物がニューヨーク、ニュージャージー、ペンシルバニア地域の「地区グランド・マスター」に任命された。これはロンドンのプレミアー・グランド・ロッジに記録されている。しかし、この人物は任務にあまり熱心ではなく、任期中の最初の二年間はイングランドに居住し、アメリカへ戻った後も、彼によって認証されたロッジは一つもなく、地区グランド・マスターとしてはなんの業績も残していない。

フィラデルフィアに住み、後に著名なメイスン会員となるベンジャミン・フランクリン（一七〇六～一七九〇）はこの時期まだ入会していなかったが、新聞や出版業に関係していて一七三〇年、その新聞に「近時、この地方にいくつかのフリーメイスンのロッジが出現し注目を集めている」と記している。しかし、この記事は厳密には不正確であって、この時点ではフィラデルフィアには自然発生の「セインツ・ジョン・ロッジ」が一つあるだけであった。

アメリカ独立宣言の起草者の一人、
ベンジャミン・フランクリン

ベンジャミン・フランクリンが
入会した米国フィラデルフィアの
「タン・タバーン」にあったロッジ

アメリカ合衆国初代大統領になった著名なフリーメイスン、ジョージ・ワシントン

ワシントン以降、フリーメイスン会員だった歴代大統領はジェームズ・ムーア、アンドリュー・ジャクソン、ジェームス・ポーク、ジェームス・ブキャナン、アンドリュー・ジョンソン、ジェームス・ガーフィールド、ウィリアム・マッキンリー、セオドア・ルーズベルト、ウィリアム・ハワード・タフト、ウォーレン・ハーディング、フランクリン・D. ルーズベルト、ハリー・S. トルーマン、リンドン・B. ジョンソン、ジェラルド・R. フォードの14人を数える。

この記事の数ヶ月後の一七三一年二月、フランクリンはフィラデルフィアで唯一の「タン・タバーン」酒場に集会していたロッジで入会している。このロッジは、この時点では地区グランド・ロッジに正式に認証されていない「聖ヨハネ・ロッジ」であったが、一七三一年六月から一七三八年六月までの七年間の記録を残し、三一年六月、十四名の会員がいたことが記されている。この記録は「リバーB」と呼ばれ、現在、ペンシルバニア歴史協会に保存されている。

一七三三年四月、ロンドンのグランド・ロッジは、はるか北方の現在の米国北東部の六州からなるニューイングランド地域のメイスンたちの要請にこたえて、ヘンリー・プライスという人物を新たにこの地域の地区グランド・マスターに任命した。プライスは積極的な人物で、任命を受けるとただちにボストンの旅館「バンチ・オブ・グレープス」を本拠として地区グランド・ロッジを開設し、「ボストン・ロッジ」を正式に認証した。「ボストン・ロッジ」は北米で初めて正式な手続きにより認証されたロッジとして、本国イングランドの一七三四年のロッジ・リストに記載されている。

この年、プライスはその管轄地域が全北米に拡大されたと宣言。この宣言によって事態は混乱し始めた。ペンシルバニア地域のメイスンとしては、この宣言が事実とすれば理論上ボストンの管轄下におかれるわけで、ボストンへ認証を申請しなければならない。フランクリンはペンシルバニアのロッジ・マスターとして一七三四年十一月、ボストンのプライスに宛てて公文書と私文書の形で二通の書簡を送り、ペンシルバニアのメイスン活動への承認を申請する一方で、プライスの称する全北米への管轄権拡大の確認書類を送ってくれるように要請した。しかし、この要請には回答がなく、結局フランクリンは最後までボストンから確認書類を受け取ることはなかった。

十数年後の一七四九年七月、ベンジャミン・フランクリンはプライスの後継者であるボストンの地区グランド・マスターからペンシルバニアの地区グランド・マスターに任命する旨の書簡を受け取った。本来、「地区グランド・マスター」はその管轄地区内において普通の「ロッジ」を認証する権限はもっているが、他の地区グランド・マスターを任命したり、他の地域に地区グランド・ロッジの開設を許可する権限はない。仮にボストンの地区グランド・ロッジが全北米に対して管轄権をもつという主張が事実であったとしても、その権限は普通の「ロッジ」の認証のみに限定されるから、ボストンのこの行動は明らかに越権行為だった。

しかし、実際にはフランクリンは半信半疑ながらボストンの任命を受け入れて、一七四九年九月ペンシルバニアの「地区グランド・マスター」に就任し、その後、ペンシルバニア傘下に新しいロッジの開設を許可した時には、上部機関とされているボストンへ所定の開設料を送ったといわれる。

しかし、フランクリンを含めてペンシルバニアのメイスンたちは、一方においてボストンの主張する全北米への管轄権を受け入れながらも、その管轄権には疑いを抱いていたから、ペンシルバニアの法律家であったウィリアム・アランは、ボストンの任命を受けてのフランクリンの地区グランド・マスター就任に並行して、イングランドへ直接申請書を送り、一七四九・五〇年三月、イングランドからペンシルバニアの地区グランド・マスターの任命書を受け取った。

同じ疑いを抱いていたフランクリンはただちにアランの下で、副地区グランド・マスターへの降格を受諾し、他の役員も全員一ランクずつ降格して、正式に許可された新地区グランド・ロッジの役員に就任し、ここにペンシルバニア地区グランド・ロッジが正式に開設された。これにより、ペンシルバニアのメイスンたちはボストンの自称していた北米全土への管轄権の宣言が根拠のないものであったことを、事実をもって確認したのであった。

これらの混乱を抱えながらも、一七三〇年以降の二十年間ほどのアメリカ植民地のフリーメイスンリーは東部から始まって各地に拡大し、ロンドンにグランド・ロッジができると、十七世紀から十八世紀初頭にかけて、古代慣行により自然発生した「セインツ・ジョン・ロッジ」（聖ヨハネ・ロッジ）は徐々に認証されて、正規のロッジとなっていく。一般的にはフリーメイスンは独立戦争以前の植民地において、大衆にもマスコミにも好意的に受け入れられていた。

独立戦争とフリーメイスン

独立戦争の発端となったマサチューセッツ州のボストンでは、一七三三年にイングランドから任命されたヘンリー・プライスによる地区グランド・ロッジは傘下に数ロッジを抱え、植民地駐留の英本国軍の軍隊ロッジの一部も傘下においていた。しかし、一七五二年頃からボストン市内に自然発生的に「セインツ・ジョン・ロッジ」ができた。

このロッジは会員にスコットランド系移民が多かったため、スコットランド・グランド・ロッジへ認証を申請し、これに対するイングランドの地区グランド・ロッジからの抗議など紆余曲折はあったが、抗議は無視され、一七六〇年「セント・アンドリュー・ロッジ」としてスコットランドより正式に認証された。一七六九年春、このロッジのマスター、ジョセフ・ワレン博士は市民委員会の代表として英国国王にボストンからの英国駐留軍の撤退を請願している。

この年五月、ワレンはスコットランド・グランド・ロッジからマサチューセッツ地域の地区グランド・マスターに任命され、地区内の数ロッジに加えて英国軍内の一部の軍隊ロッジを傘下に認証した。ワレンは一七七三年には正式に全北米のスコットランド系の地区グランド・マスターに昇格し、管轄権は全北米へ拡大した。

この頃ボストンには、スコットランドやイングランドの「近代系」グランド・ロッジの他に「古代系」から認証を受けているロッジも開設されていた。英本国と植民地間の政治的・経済的対立が厳しくなり始めた開戦前夜のこの時期、アメリカ各地のロッジは一般的にいって政治不介入のフリーメイスンの原則を守って、中立的立場を貫いていた。国王に忠誠であるか植民地側にくみするかの政治見解や、英国本国軍を支持するか植民地軍に加わるかなどいずれの側に立つかは個人の選択と考えられていた。

植民地のフリーメイスンを取り巻く中立的政治情勢の中で、ほとんど唯一の例外がジョセフ・ワレン博士を中心とするボストンの「セント・アンドリュー・ロッジ」だった。このロッジは所属会員の大多数が急進的であったため、ボストンの過激派で英本国に反抗的な「自由の子ら」のような団体に参加する者が多かった。一七七三年後半のあるロッジ集会には、七名のみの出席が記録され、「注記、茶の入荷のため会員多忙」の記述がある。

「ボストン茶会事件」の発生した一七七三年十二月十六日夜の集会記録には五名だけの出席が記録され、通常の記録の後の議事録の余白に大きく「T」の文字が記されている。この「T」の文字が記録係のセクレタリーによる正式記録であったのかどうかは不明である。

一七七五年、郊外のレキシントンで本国軍との間に交戦が始まると町は封鎖され、議事録には後に「一七七六年十二月までの間、休眠」と記されていて、この間、集会は開かれなかった。一七七五年六月、ジョセフ・ワレンは市民軍を率いてバンカーヒルの戦闘において英国軍に勝利したが、彼自身は戦死してしまった。

ワレンの戦死後の一七七七年三月、まだ戦闘は続いていたが、マサチューセッツ州の「古代系」と「スコットランド系」のメイスン会員はワレンの後継者であったスコットランド系の副地区グランド・マスターのジョセフ・ウェッブをマサチューセッツ州の「グランド・マスター」に「選出」し、このことを全世界の関係団体に通告した。

これは従来の慣行と規定の両面から見ると変則的な行動であった。それまでウェッブはスコットランドのグランド・ロッジから全北米の副地区グランド・マスターに任じられていたのだから、スコットランドによって地区グランド・マスターへの昇格を「任命」されるのが通常である。だが、この慣行を無視して現地のメイスン会員たちが「グランド・マスター」として「選出」し、新たにマサチューセッツ州のグランド・ロッジを創立したのは、マサチューセッツのメイスン会員の「主権行動」と解釈される。メイスン的な独立宣言であった。

その後、一七八七年にマサチューセッツ州の「近代」の地区グランド・マスターが死去すると、マサチューセッツ州内にあったイングランドの「近代系」のロッジも、この新設の州単位のグランド・ロッジの傘下に合流し、現在のマサチューセッツ・グランド・ロッジの基礎が築かれた。その後、この独立行動に他の各州も追従し、この動きは現在、全世界的に受け入れられ慣行となっている、最低三つ以上の合法的なロッジは自らの意志により独自のグランド・ロッジを創立することができるという慣行の初期の一例であった。

独立後のアメリカ

十七世紀末の新世界におけるイギリス植民地の総人口は、原住民のアメリカ・インディアンを除いて、二十万から三十万人と推定されているが、何ごとにも知的興味をもっていたベンジャミン・フランクリンは十八世紀初頭から十八世紀後半にかけてのアメリカ植民地の人口増加率を二十五年間にほぼ倍増すると推定した。この推定はおおむね正確だったようで、独立戦争開始時の北米植民地全体の人口はアフリカ系の奴隷も含めて二百五十万から二百六十万人といわれる。ちなみに今日の資料によると、当時の英国本国の人口は約七百万人といわれている。

独立戦争の発端となった一七七三年のマサチューセッツの「ボストン茶会事件」を皮切りとして、戦況の進展とともに一七七六年の独立宣言となり、一七七七年のサラトガ戦の勝利の後はフランスをはじめとしてスペイン、オランダ、その他の欧州諸国の支援を得て、一七八三年にパリ平和条約が結ばれた。結局、英本国は植民地側に対してミシシッピー河以東の独立を認めることとなったのだが、戦争の進行中、英本国派や王党派、保守的なトーリー党などはむしろ愛国者とみられた。謀反人・反逆者とみられたのは植民地人側で、富裕階級は主として国王に忠誠だった。一般的には植民地の人口の約三分の一が独立を支持したが、大部分は本国派か中立派であったといわれる。

戦争の終了時、新独立国家アメリカのロッジの間には私的に設立された聖ヨハネ・ロッジのほかに、イングランドの「近代系」や「古代系」、アイルランド系、スコットランド系があり、南部にはフランス系メイスンまで加わってその関係は錯綜していた。フリーメイスンの総本部的な全米グランド・ロッジ設立の構想を唱える者もあったが、これは次々と各地に創立された州単位のグランド・ロッジによって拒絶され、独立直後は州境も錯綜していたが、やがて落ち着きを取り戻していった。

アフリカ系メイスン

二十世紀末期に表面化してきた「過去のひずみ」ともいうべき事態としては、十八問題があったのである。

世紀後半に発し、その後長い間、フリーメイスンの喉に刺さった「小骨」となっていたアフリカ系メイスンのグランド・ロッジの承認問題があった。人種・国籍・宗教・宗派を問わず、全人類の融和を求めるフリーメイスンにおいて、長期にわたって人種問題があったのである。

人種的偏見は人間の愚かな先入観が原因であり、これについては改めて見解を述べる必要はないが、この問題の歴史的経緯は米国の独立以前の新世界にさかのぼる。

一七七五年のボストンにおいて、当時の英国軍の歩兵第三十八連隊の中にアイルランド系の軍隊ロッジ「ナンバー・四四一」があった。この年三月六日、このロッジでジョン・パット軍曹の主宰によって、アフリカ系のプリンス・ホールという人物とともに十五名のアフリカ系軍人がフリーメイスンへ入会した。やがてプリンス・ホールが中心となってアフリカ系メイスンたちはボストンで独立の「アフリカン・ロッジ」を創立し、イングランドのプレミアー・グランド・ロッジ（近代系）へ認証を申請した。ロンドンへの申請書に署名したのはプリンス・ホールをはじめとする三名で、一七八四年に申請し、ロンドンにおいて「アフリカン・ロッジ・四五九」として受理・承認されたことが記録されている。

今日のメイスンリーではロッジが創設されるためには、まずしかるべきグランド・ロッジに認証を申請し、認証状を受け取って初めてロッジ開設となる。この手続きを経ないで開設されたロッジは、現在なら「非合法」となり大問題となるのだが、三百年以上前の時点ではこのような事後承認がごく普通の手順であった。

イングランドのグランド・ロッジから事後に認証された「アフリカン・ロッジ・四五九」は、一七八九年九月にはフィラデルフィアの他のアフリカ系ロッジに開設を認可し、その後の数年間、プロビデンスやロードアイランド、ニューヨーク市のロッジよりの申請にこたえて「マザー」として特免状を発給した。一八一五年には「北米アフリカン・グランド・ロッジ」を創立し、一八四七年には最初の創立者の名前を記念して名称を「プリンス・ホール・グランド・ロッジ」と改めた。

この一連の非公式な「マザー」としての行動も、前述の事後承諾によるロッジ開設と同じで、現在の基準ではとうてい考えられない非合法行為だったが、当時はスコットランドの「キルウィニング」の例のように、有力ロッジが「マザー」として他のロッジを認証するのは珍しいことではなかった。

イングランド・グランド・ロッジ（近代）の一七九三年の記録に、「アフリカン・ロッジ・四五九」を「ナンバー・三九〇」に変更した旨が記されているから、少なくともこの時点では、このロッジがイングランドに正式に認証されていたのは確実なのだが、一八一三年のイングランドの「近代」と「古代」グランド・ロッジの合同時、このロッジは他の多数のロッジとともにリストから削除されている。理由はグランド・ロッジへの納付金の滞納であったが、この間の経緯は一八二七年にボストンの新聞紙上に掲載されたロッジ自身の宣言によって明らかである。

〈当「アフリカン・ロッジ・四五九」（著者注：一七九三年のイングランド・グランド・ロッジによるロッジ番号の変更は通知されなかったものと思われる）は一七八四年、イングランド・グランド・ロッジにより正式に認証されたが、数年後には会員の減少によりロッジの運営が困難となり、グランド・ロッジへの納付金も滞納せざるをえなくなった。しかし近年、財政能力が回復したので、イングランドにこの旨を報告し、必要条件充足の用意のある旨を報告したにもかかわらず、イングランド・グランド・ロッジからは長期にわたって回答がなく、遠隔地のため直接の陳情も不可能であった。

この状況下において今後、当ロッジは有色人種メイスンの有力ロッジとして他の何者の傘下にも所属せず、独立して自由意志の下にフリーメイスンリーの全規約、古代慣行を遵守するとともに、団体の名誉を傷つけることのないよう万全の努力を惜しまない旨を宣言する。

一八二七年六月十八日

ジョン・T・ヒルトン、ロッジ・マスター

他三名署名〉

宣言の正当性を当時の統計によって検証してみると、その頃のボストン市内のアフリカ系人口は次のとおりである。

一七九〇年　七六六人
一八〇〇年　一一七四人
一八一〇年　一四六八人
一八二〇年　一六九〇人
一八三〇年　一八七五人

この統計はボストン市在住の全アフリカ系を示すもので、中には女性も未成年者も含まれているから、フリーメイスンへの入会可能な有効人口がここに示された人口の半分以下であったのは間違いないと思われる。したがって、統計により新聞紙上の宣言に述べられた運営上の困難の説明が実際の状況に基づくものであったことが推定できる。

以上の経緯によりこの後、プリンス・ホール・メイスンリーはアフリカ系会員により州単位の象徴メイスンリーのグランド・ロッジの組織とは別個に独立、あるいは孤立して全米に拡大していった。二十世紀後半になると、米国の一般社会における人種差別は解消に向かったが、フリーメイスン内部においてはプリンス・ホール系のロッジは独立を続け、既存のグランド・ロッジ傘下への吸収合併は望まず、対等な立場の承認関係を望んでいた。

だが、北米各州にはすでに州単位のグランド・ロッジ制度が確立され、歴史的に管轄権が確立されていたため、問題は簡単には解決できなかった。各州に独自の権威をもつグランド・ロッジとしては管轄地域内にプリンス・ホール管轄下の別系統のグランド・ロッジの存在を承認するのは困難だったのである。

しかし、時代の変化とともに北米各州のグランド・ロッジも次第にプリンス・ホール・メイスンリーの歴史的正統性を認識し、友好承認関係を納得し始めた。一九九四年にはイングランドもマサチューセッツ州内にある「プリンス・ホール・グランド・ロッジ」の承認を決議し、一九九五年までにはカナダを含む北米において十五のグランド・ロッジがプリンス・ホール系との対等な相互承認関係を結んだ。

二十一世紀初頭の現在、日本国内に五つのロッジをもつ米国ワシントン州のプリンス・ホール・グランド・ロッジは日本グランド・ロッジと承認に準ずる関係にあり、今日、世界中のほとんどのグランド・ロッジが友好関係修復を進めている。

今日振り返ってみると、問題の主因は十八世紀後半以来の二百年以上にわたる歴史的経緯を発端とし、加えて人種偏見が問題の解決を長引かせたものと思われる。しかし、一九八〇年代後半から問題は急速に解決に向かい、二十一世紀初頭の現在はおそまきながら軌道修正の過程にある。

第5章　ライト（儀礼）

「ライト（儀礼）」という語は本来、「ある種の神聖な儀式をとり行うため、教義、慣行、規則などによって定められた形式」を意味しているのだが、フリーメイスンにおいては十八世紀前半、フランスを中心とする欧州で多階位が集団的に発生し、この頃から「ライト」という言葉が集団としての階位、あるいはその管理組織自体を意味するようになった。

フリーメイスンの基幹は象徴メイスンリーの三階級であって、この三階級は各地・各国の管轄地域内のメイスン会員に対して独立・独自の権威をもつグランド・ロッジによって管理されている。今日では、この権威をもっているグランド・ロッジ傘下の会員で一定の資格をもつ者は、各個人の意志で所属するグランド・ロッジの承認している「ライト」に加入することができる。

一方、「ライト」の方は多階位の管理機関として、グランド・ロッジによって認められたマスター・メイスンの中で一定の資格をもつ会員だけを受け入れることができる。もし資格をもたない者の加入を許した場合には、そのライトに対するグランド・ロッジの承認は取り消され、加入する会員はいなくなる。

ただ、グランド・ロッジの管轄地域が地理的に限定されているのに対して、ライトの管理地域は必ずしもグランド・ロッジの管轄地域とは一致しないから、このやや複雑な性格を理解した上で、以下の「ライト」の発生経緯とその後の経過を展望する。

ライト（儀礼）の発生

「ライト（儀礼）」という語が多階位の集団、またはその管理組織を意味する形で最初に記録されたのは十八世紀半ばのフランスに出現した「ライト・オブ・パーフェクション（完全儀礼）」から始まるといわれ、この儀礼は二十五の階位を管轄していた。多階位の集団やその管理組織を「ライト」と呼ぶ慣行はその後、次第に英米を含む各国のフリーメイスン会員の間に広がった。

十九世紀の研究家は「ライト」を定義して、「ライトは本来、階級授与の儀式を表していたのだが、フランスにおいてこれが各種の多階位の集団、あるいはその管理団体を意味するようになった」（ジョージ・オリバー『道標史』一八四三年）とか、「ライトとは……メイスンリーの階位を総合・整理し、これを授与する組織であり団体である」（アルバート・G・マキ『フリーメイスン辞典』一八七四年）などと述べている。

このようにきちんと定義づけられると、それぞれの「ライト」は多階位を整然と管理する機構のように聞こえるが、実際には各種のライトの中に含まれている階位は、今日でもある程度の矛盾と混乱を内蔵している。一つのライトの中に関連のない階位が同居し、その配列には一貫性のとぼしい場合があり、各階位を主題や時代によって整理分類しようとすると、困難で、ある場合にはほぼ同一の階位が異なるライトの中に含まれていることもある。

ライトの中にこれらの混乱がある原因はその発生経緯にある。十八世紀半ば頃のフランスを中心とする欧州に無統制に発生した多数の多階位の中から、自然淘汰の過程を生き抜いて存在意義を認められた階位のみを吸収して集団化し、独立の管理組織である「ライト」となったため、このような変則性を示しているのである。

今日のフリーメイスンの中に含まれる多種多様なライトは、付加的多階位団体としてさらなるフリーメイスン理念の理解のために存在意義をもち、ライトへの加入は会員の必須要件ではなく、個々の会員の自由意志であるが、前述したように一定の資格をもつマスター・メイスン以外は加入することができない。資格のある会員はそれぞれの選択によって、メイスンリーの大学教科ともいうべき課程へ入会するのである。

多種多様なライトの中には少数の階位を中心としたライトもあるが、総合的な多階位団体として多数の会員を擁し、世界的規模に拡大しているライトとしては「スコッティッシュ・ライト」と、単一の団体となってはいないが「ヨーク・ライト」と呼ばれる集団がある。その他にも「ナイト・テンプラー（聖堂騎士団）」とか「マルタ騎士団」などいろいろの団体がある。

ヨーク・ライト

「ヨーク・ライト本部」という管理組織は存在しないが、各地のチャプター（支部）に含まれている階位は一七四〇年頃から十八世紀末にかけて徐々に各地のロッジで授与されるようになった。これらの階位は十八世紀前半のフランスで発生した多階位を祖とすることは明らかで、その後、次第に三階級のロッジ内で階位授与が行われるようになった。

ロッジを管轄するグランド・ロッジの方針によっては、一つのロッジの中で別組織の「支部」となることも多かったが、発生初期には「支部」の役員はすべてロッジの役員の兼任だったから、実質的には一体の存在であった。したがって、これらの階位はその発生源はともかくとして、象徴三階級のロッジの中で成長したといえるが、やがて「支部」はロッジを離れて独立し、名実ともに独立組織となった。支部組織はさらに統合されたが、これら個々の支部の管理機構を総称してヨーク・ライトと呼ぶ。

いわゆるヨーク・ライトに含まれている階位は国によって必ずしも画一ではないが、一般的には次のグループと階位によって構成されている。

深奥儀礼（キャピチュラー・ライト）
マーク・マスター階位
パスト・マスター（マスター経験者）階位
卓越マスター階位
ロイヤル・アーチ階位

秘処儀礼（クリプティック・ライト）
ロイヤル・マスター階位
厳選マスター階位
超越マスター階位

騎士儀礼（シヴァリック・ライト）
赤十字階位
マルタ騎士階位
聖堂騎士階位（ナイト・テンプラー）

（著者注）これらの階位の和訳は読者の理解補助のための著者の主観によるもので、普通、わが国では原語をそのまま使用している。

◎深奥儀礼　キャピチュラー・ライト

深奥儀礼の最初に挙げられる「マーク・マスター階位」は、「スコットランドの古いロッジ群」の項で言及した石工の個人マークから始まった階位で、「パスト・マスター」は文字どおりロッジ・マスターの経験者のためのものである。「パスト・マスター」は、「卓越マスター」とともにこのグループの最終ステップである「ロイヤル・アーチ階位」への踏み台の階位といえる。

「ロイヤル・アーチ階位」は象徴三階級の「かなめ」ともいうべき重要性をもつといわれるが、逆にいうとこの階位は象徴三階級抜きではその存在価値がないともいえる。したがって、この階位の出現と発展ははじめから三階級の象徴メイスンリーのロッジそのものの発展と結びついていた。しかし、十八世紀の発足当初の各グランド・ロッジのこの階位への対応はまちまちだった。

この階位の基礎となる伝承は三階級に含まれているハイラム伝承の延長線上にあるが、この考えは当初イングランドのプレミアー・グランド・ロッジには歓迎されなかった。一七四〇年代はじめ頃のイングランドにおいて、数々の著書の中にこの階位の授与が行われていたとの記述が見られるにもかかわらず、当時のロッジの記録には階位の授与は記録されていない。その頃のイングランドのプレミアー・グランド・ロッジは象徴三階級の標準化に懸命で、他をかえりみる余裕がなかったものと想像される。

アイルランドやスコットランドでも似たような状況だったと思われる。ロイヤル・アーチの発展にはあまり乗り気ではなく、正式にはこの階位の授与を承認していなかった。このため傘下ロッジは実際には階位を授与していても、その記録を残さなかったものと思われる。

一方、十八世紀半ばのイングランドに「古代系グランド・ロッジ」が創立されると、この新設のグランド・ロッジはその創立当初からロイヤル・アーチ階位をハイラム伝承の完結部分と考えていたので、傘下ロッジにこの階位の授与を許し、むしろ奨励していた。

しかし、各ロッジでのロイヤル・アーチ階位授与の方法には必ずしも統一性はなく、あるロッジでは第四階級として授与し、別のロッジではマスター・メイスンの第三階級の延長として授与していた。またロッジによっては「マーク階位」や「パスト・マスター階位」をもつロッジ・マスターの経験者と現任のロッジ・マスターのみに限ってロイヤル・アーチ階位を授与する場合もあった。こうして十八世紀半ばのこの時期、「ロイヤル・アーチ」はロッジにより各個ばらばらの形式で授与されていて、時代の変遷とともに次第に整理整頓が進んだのである。

今日の「ロイヤル・アーチ」は寺院の礼拝堂遺跡にまつわるもので、地上あるいは地下に残された礼拝堂の遺跡に古代の神聖なる言葉が秘められていたとされる。この発見にまつわる伝承が主題だが、十八世紀のイギリス各地で階位に含まれていた儀典が長い年月をかけて徐々に整理されたものである。
「ロイヤル・アーチ」が十八世紀半ばのイングランド各地で授与されていたのは間違いないと思われるが、この階位授与の記録で現存する最も古いものはイングランドではなく、一七五三年十二月十二日のアメリカ植民地バージニアのフレデリックスバーグのロッジにある。

現在、バージニア州の「ナンバー・四」にランクされているこのロッジは、その頃は自然発生権に基づく「セインツ・ジョン・ロッジ」であって、正式に認証されたロッジではなかった。この日のロッジの記録によると、訪問者であるロイヤル・アーチ階位保持者の主宰により、ロイヤル・アーチ階位のロッジが開会され、このロッジのマスターを含む三人の会員に「ロイヤル・アーチ」の授与が行われた。儀式が終了すると、すぐその場でロッジ・マスターの主宰による第一階級のロッジに切り換えられたことが記録されている。

一七六九年頃のボストンのスコットランド系のセント・アンドリュー・ロッジも、アメリカではフレデリックスバーグに次ぐ古い「ロイヤル・アーチ」の記録を残している。このロッジでは第四階位としての「ロイヤル・アーチ」のほかに、「卓越マスター」や「パスト・マスター」階位、「ナイト・テンプラー（聖堂騎士）」階位などの授与も記録されている。

「ロイヤル・アーチ」や聖堂騎士階位の授与に関連する興味深い記録としては、十八世紀後半のイングランドのヨークに短期間存在していたヨーク・グランド・ロッジのセクレタリーによって、正式に署名されたある会員への証明書の写しが残されている。これには次の記録が示されている。

一七七九年一月二十六日　第一階級授与
二月二十九日　第二階級授与
九月二十七日　第三階級授与
十月二十七日　第四階級授与（ロイヤル・アーチ階位）
十一月二十九日　第五階級授与（ナイト・テンプラー［聖堂騎士］階位）

証明書には当時のヨーク・グランド・ロッジ傘下においては「ロイヤル・アーチ」と「ナイト・テンプラー（聖堂騎士）」がそれぞれ第四階級と第五階級として授与されたことが示されている。一七八〇年六月の傘下ロッジの議事録には次の四半期の予定が以下のように記されている。

七月最終月曜日　エンタード・アプレンティス（第一階級）
八月第二月曜日　ナイト・テンプラー（聖堂騎士）階位
八月最終月曜日　フェロークラフト（第二階級）
九月第二月曜日　ロイヤル・アーチ階位
九月最終月曜日　マスター・メイスン（第三階級）

もしかすると、これらの証明書や予定表は、ヨーク・ライトの各階位が三階級の象徴メイスンリーのロッジ内に定着していった頃の初期の姿であったのかもしれない。あるいは、これが後のいわゆる「ヨーク・ライト」という呼び名の発生源であったのかもしれない。

こうして十八世紀後半のイングランドにおいては、「近代」も「古代」もともに別組織の「チャプター（支部）」としてロイヤル・アーチを承認して受け入れるようになり、短期的な存在であったヨーク・グランド・ロッジもこの動きに同調していた。

◎秘処儀礼　クリプティック・ライト

この儀礼に含まれる階位は、十九世紀になってからロイヤル・アーチ支部で採用されたもので、ソロモン神殿の崩壊に関わる伝承に関連している。

◎騎士儀礼　シヴァリック・ライト

騎士儀礼に含まれる階位が、欧州の多階位を発生源とするのは疑いない。だが、騎士儀礼に含まれる階位は「ロイヤル・アーチ」のように象徴メイスンリーの三階級に直接関連して定着した階位とは違い、その十八世紀中の発生とイギリス諸島各地や米国のロッジへの定着は不自然に見える。当時の混乱の結果と思われる。

これらの階位の発生源はアンドリュー・ラムゼイ講演がいちばん疑わしいが、ラムゼイは講演の中で「我らが祖先十字軍」とは言っているが、「聖堂騎士」とはどこにも述べていない。しかし、いつの間にか「十字軍」が「聖堂騎士」に置き換えられたか、同一視されたようである。

中世石工職人の「古代訓戒写本」に述べられた伝説は、旧約聖書を発生源とする想像の世界から広がったものであり、一七二三年のアンダースン憲章の中のフリーメイスンリーの発祥起源も古代写本、古代史などに基づく空想的なフリーメイスン史であった。だが、この両者ともに十字軍や聖堂騎士への言及はなく、一七三七年のラムゼイ講演以前のロッジ記録、その他の関連記述に聖堂騎士に関する記録やこれを連想させるような記述はいっさいみられない。

フリーメイスンの中に多階位団体として存在する聖堂騎士（ナイト・テンプラー）の階位授与の記録は、前述のように、一七六九年のボストンのセント・アンドリュー・ロッジ内のロイヤル・アーチの特殊集会に初めて現れ、一七七九年のヨークにも証明書記録を残した。また同じ年、スコットランドのキルウィニング・ロッジにも記録された。

しかし、この頃の聖堂騎士階位はロイヤル・アーチなどと同じようにロッジ内で階位授与が行われ、次第に独立の支部をつくっていったので、所轄のグランド・ロッジとの間に大きな摩擦は起こらなかった。一七八二年にはサウス・カロライナに聖堂騎士団の本拠地として初めて「エンキャンプメント（基地・支部）」が現れ、各地に支部組織が確立され始めた。この動きはロイヤル・アーチの場合と似ている。

この儀礼グループに属する階位でやや奇妙に見えるのは、聖堂騎士階位の関連階位として「赤十字（レッド・クロス）階位」が同じグループに含まれていることである。「聖堂騎士」が明らかにキリスト教的な階位で、象徴として赤い「十字架」を用いているのに対して、「レッド・クロス」はキリスト誕生の何千年も前のバビロン時代の伝承を根拠とするものである。

しいて出典を求めるなら、カソリックでもプロテスタントでも普通は用いないが、英国国教会で時として用いることのある「アポクリファ（外典）」である。聖堂騎士の用いる「十字架」の十字は、その色は赤だが縦横の長さが異なるのに対して、「レッド・クロス」の十字は上下同じ長さの今日のいわゆる「赤十字」で、両者は明らかに異なるものである。だが、その形や色彩の類似とこの階位が聖堂騎士と同一グループにあるため、ある程度の錯覚を与えている。

聖堂騎士団

フリーメイスンの歴史には直接証拠のとぼしい場合が多く、状況証拠によって判断せざるをえない場合が多い。そこで、本書では状況証拠による場合にはなるべく断定的な表現を避けてきた。しかし、中世に「聖堂（テンプル）騎士団」が実在し一時は隆盛であったが、フランス国王とローマの教会の弾圧により壊滅したのは歴史上の事実である。

この「実在した聖堂騎士団」と「フリーメイスンの中の多階位団体としての聖堂騎士団」の関係については明確にしておく必要がある。この両者の関係について今日でも数多くの憶測や空想に基づく記述が横行し、十八世紀末の革命当時のフランスで、フリーメイスンと中世に実在した聖堂騎士団を結びつける証拠文書が意図的に偽造され、これが後に発覚した事件さえある。今日のメイスン会員の中にも、この両者の関係に関する誤った記述の影響下にある場合が多い。

中世に「実在した聖堂騎士団」は一一一八年、聖地パレスチナへの巡礼を警備保護する目的でフランスの騎士団により創立された。慈善・忠誠・名誉を重んじ、二百年ほどの間に戦士・僧侶・管財担当者などを擁し、団員には禁欲的な奉仕が要求された。強大な武力と財力をたくわえるようになり、本来の巡礼保護のほかに国際交易や効率的な財務管理を行い、「教会の中の教会、国家の中の国家」といわれた。

一三〇七年、フランス王フィリップ四世は聖堂騎士団の所有する財産に目をつけ、当時の騎士団の司令であったジャック・デモレー以下の幹部を逮捕し、騎士団の財産の引き渡しを迫った。しかし、幹部がこれに応じなかったため、当初は国王の手によって行われていた尋問は、当時の法王クレメンス五世のもとに移された。そこでは厳しい拷問により異教信仰への告白を強要して財産の放棄を迫り、結局一三一四年、デモレーと幹部団員は教会に屈伏することなく火刑に処せられた。

この事件はその後の審問官による自白強要を許容し、これ以後、ローマの異端審問に拷問が用いられ、さらに後のフランス革命における残酷な処刑の前例をつくったといわれる。

中世に「実在した聖堂騎士団」の発展と崩壊は歴史的事実だが、「フリーメイスンの中の多階位団体としての聖堂騎士団」とはまったく別な存在である。この両者を関連づけようとしたり、時には中世に実在した聖堂騎士団の崩壊後にスコットランドに逃れた騎士たちがフリーメイスンを創設したとの「創始説」が唱えられたりした。また ある場合には、フリーメイスンリーは「聖堂騎士」によって石工団体へ伝えられたなど、歴史上にたまたま現れる偶然の暗合を空想によって人為的に結び合わせた「考証」を挙げて主張している記述が洋の東西を問わず現れる。

わが国でも数年前、この種の空想的記述が翻訳・出版されている。しかし、フリーメイスンリーの中の「聖堂騎士団」を教訓的伝承として受け入れるのにはなんの問題もないが、両者が直接の歴史的関連をもっているとの主張は受け入れるわけにはいかない。

メイスンリーの中に、ラムゼイ講演のあった一七三七年以前には聖堂騎士団や十字軍に関する記述や階位名はいっさい見られない。この事実には目をつぶるとしても、もしもメイスンリーの発祥起源を「石工団体」から「中世に実在した聖堂騎士団」に置き換えたり、「実在の聖堂騎士団」の影響の下にメイスンリーが始まったとするならば、十四世紀に壊滅した「歴史上実在した聖堂騎士団」は崩壊から四百年以上の間、イングランドやスコットランドの石工団体の保護下にその身をひそませていて、一七四〇年頃のフランスのフリーメイスンの中に多階位団体として突然姿を現して組織を再建したことになる。

聖堂騎士団が石工団体の保護下にあったはずのこの四百年以上の間の隠密行動を論理的に説明できないかぎり、「中世に実在した聖堂騎士団」と「フリーメイスン」との関連説や創始説の成立は不可能である。ちょっと常識をはたらかせて考えれば、このような論理は誰にでも理解できるはずなのだが、ここにもフリーメイスン史観の混乱がみられる。今日においても一部のトンデモ本の作者による空想に満ちた記述や、これに基づく誤解や記述があるので、この「説」に限っては、曖昧な表現ではなく断定的に否定せざるをえない。

すべての多階位は十七世紀半ば頃のフランスと近隣の欧州諸国で発生し、いろいろな経緯を経て各階位が成長と消滅を繰り返し、その中にロイヤル・アーチや聖堂騎士階位（ナイト・テンプラー）のように発生後、ロッジ内に定着・成長し、やがては独立した組織をもったものもあった。

スコティッシュ・ライト

一方、「スコティッシュ・ライト」は今日メイスンリーの中では最大規模をもつ総合多階位団体で、その中に三十三までの階位を含むため、一般に象徴三階級の上位団体であると誤解される場合が多い。だが、この団体も他の多階位団体と同様で、三階級のグランド・ロッジによって一定の資格を認められたマスター・メイスンのみを受け入れることを許される団体である。

したがって、象徴三階級の上位団体ではなく付加的な多階位団体であり、象徴三階級のグランド・ロッジの上にはいかなる上位団体も存在しない。スコティッシュ・ライトを含めて象徴三階級のグランド・ロッジを支配したり、その権限を制約したりすることができる団体はない。

スコティッシュ・ライトの原型となった「完全儀礼」(ライト・オブ・パーフェクション)と呼ばれた多階位団体がフランスで採用した基本憲章は、一七六一年と一七六二年に作成されたといわれる二つの憲章だった。しかし、この二つの憲章はその根拠に曖昧な点が多いので、時には「私製憲章」(プライベイト・コンスティテューション)とも呼ばれる。このうち前者の一七六一年憲章には象徴三階級に関する言及はなかったが、後者の一七六二年憲章には象徴三階級に対する多階位の優位性が主張されていた。

一七六二年憲章には、憲章の権威の源泉である団体名は示されず、起草者の署名もなかったが、そこに述べられた象徴三階級への優位性の主張は多階位保持者には大いに歓迎された。その主張は、十八世紀半ば以降のフランスのみでなく他の欧州諸国その他で、はてしなく繰り返された象徴三階級と多階位団体の間の優位論争において多階位側の論拠となることが多かった。

この頃のフランスの多階位団体は象徴三階級のグランド・ロッジの管轄下にあったものの、階級授受を記録する管理体制がなかったから、階位と称号は「パテント」と呼ばれた許可書によって簡単な講義とともに不動産所有権の移転のように伝達された。パテントを受け取った者は階位の授与のみでなく、授けられた階位と称号をさらに第三者に授けることのできる許可であった。

これを授けられた者は同じように次の者に階位を授与し、これが何度も繰り返された。この方法によると、ロッジを開設したり役員を指名したりする手間をかけずに階位が授与され、手早く団体が拡大発展する利点はあった。

しかし、このため多階位保持者で高階位の称号をもつ者の中にはメイスン会員とはいうものの、一度としてロッジ内に足を踏み入れたことのない者まで出てきた。だが、これらの人々は第四階位以上の階位保持者であり、象徴三階級に対して当然のこととして優位性を主張した。彼らは時には管轄権までを要求したから、三階級の象徴ロッジから反発を受けるのも当然であった。

このような初期の欧州式の多階位の授与方法は十八世紀半ば以降、フランスのみでなく新世界にも広がった。今日ではこの方式は改められ、グランド・ロッジによって正規に承認され、三階級の象徴ロッジにおいて一定の資格を与えられたマスター・メイスンのみが、多階位の儀式と講義を経て受け入れられるようになった。このルールに反した多階位団体はグランド・ロッジの承認を失うから、今日では昔の弊害は取り除かれている。しかし、少なくとも発足当初の百年ほどの間は、パテント方式のため、各地に紛争と混乱の種がばらまかれた。

新世界（最初の動き）

十八世紀前半、フランスのボルドーにおいて十四階位の「完全儀礼」を管掌（かんしょう）していたのはステファン・モーリンという人物だった。当時、パリのグランド・ロッジは象徴三階級と多階位団体の双方を管轄下においていたので、この儀礼はグランド・ロッジの直接所管となり、階位も二十五階位に増やされた。

一七六一年、ステファン・モーリンがたまたま西インド諸島へ移住することになると、その出発に際して現地での完全儀礼授与のため二十五階位のパテントを要請し、一七六一年八月二十七日にこれを与えられている。これは今日、写しの現存する二十五階位の最古のパテントだが、これ以前にも多数のパテントが各種の多階位団体によって発行されていたものと思われる。モーリンへのパテントの中には大要以下の事項が含まれていた。

一、当時、パリの管轄下にあった二十五階位完全儀礼のリストとパテント（伝達許可）
二、全世界（新世界に限られてはいない）における完全儀礼支部の開設許可
三、他の司令（インスペクター）の任命およびその管轄権

ステファン・モーリンの船は途中、当時の敵国であった英国の軍艦に捕らえられ、ロンドンへ連行されたため到着が遅れ、翌一七六二年になってサント・ドミニカに到着した。数年後、ジャマイカのキングストンに完全儀礼の支部を開設した。

現地ではヘンリー・フランケンという人物を副司令に任命したが、一七六七年になるとフランケンはニューヨークへ移住し、そこに支部を開設して自分に授与されたパテントに基づいて、多数の司令・副司令を任命した。これらの新たにパテントを受けた者は、さらに他の者に階位の授与を行ったから、二十五階位保持者は北米の数州に拡大し、ここに新世界におけるスコティッシュ・ライトの原型が始まった。

一方、一七八九年のフランス革命で本国より追放を受け、一七九〇年ドミニカへ避難していたデグラス＝ティリー伯爵はドミニカ到着の数年後、二十五階位を授与されたが、この頃ドミニカに起こった現地人の反乱を避けて、アメリカ南部のチャールス

トンへ避難した。後にこの人物がスコティッシュ・ライトを欧州大陸へ伝えることになる。

三十三階位の始まり

この頃、「完全儀礼」の二十五階位に、北米で八階位が付け足された。これによってスコティッシュ・ライトの三十三階位が誕生するのだが、誕生の経緯については後になって多くの研究者や委員会による繰り返しの調査が行われた。結論的には今日にいたるも経緯を客観的に立証することは不可能で、不明というほかはない。

十八世紀末当時、三階級の象徴ロッジやロイヤル・アーチその他の多階位団体と違って、後にスコティッシュ・ライトとなる団体においてはパテントの発行はあったが、発行を客観的に記録・管理する制度や組織が存在しなかった。現存する断片的なパテントの写しや書簡・記述などによって推測するほかはなく、階位授与の流れや場所はほとんど確認できない。

しかし、今日残されている限られた傍証や研究者の見解を整理整頓し、総合してみると、この新儀礼の誕生と組織化の経緯は前述と多少重複するが、おおむね以下の状況のもとに進行したものと考えられる。

（一）一七六一年、ステファン・モーリンはパリにおいて象徴三階級とともに多階位団体を管轄下においていたフランス・グランド・ロッジより二十五階位の「完全儀礼」のパテントを与えられ、この階位をいかなる地域においても伝授する権限を授けられた。このパテントの写しは現在、米国のスコティッシュ・ライト南方評議会に保存されている。

（二）モーリンはドミニカ到着後、「完全儀礼」二十五階位をフランケンをはじめとする数人に授与し、フランケンによりニューヨークにおいて再授与が行われた。それにより、新世界アメリカ各地に多数の二十五階位保持者が出現した。

（三）一七六一年と一七六二年にフランスで二つの私製憲章が作成されたが、この双方ともに不合理な点が多かった。「一七六一年憲章」はモーリンがパリで受け取ったパテントと同日の八月二十七日付けであり、これには署名はされているが成立基盤となる発行団体名は記されていない。しかもこのパテントが二十五階位の「多階位儀礼」に関するものであるにもかかわらず、署名者の肩書きは象徴三階級の役職がほとんどであり、中には多階位保持者として「三十三階位」の司令の肩書きをつけた者もある。この一七六一年の時点ではこの儀礼には二十五階位しか存在せず、三十三階位はなかったから、この憲章は後に作成された可能性、少なくとも後年署名された可能性が高い。

（四）一方、「一七六二年憲章」には前述のように団体名も署名もなく、権威の源泉には大いに疑義があったが、その中に象徴三階級を完全儀礼の管轄下におくことが明記されていたため、後に一部の多階位会員と象徴三階級のロッジとの間の激しい論争の種となった。

（五）一七八六年になると、二十五階位の完全儀礼に八階位を付け加えた三十三階位の憲章が現れ、これには団体の管理規定が含まれていた。この憲章はプロシアにおいてフレデリック大王の認可のもとに作成され、一七九〇年頃に西インド諸島へ伝えられ、後にチャールストンに創設されるスコティッシュ・ライト南方評議会の憲章として採用された。プロシアのフレデリック大王はメイスンリーのドイツへの伝来初期からの熱心なメイスン会員として知られ、この「一七八六年憲章」はその宮廷において作成されたとされている。

後の十九世紀後半、スコティッシュ・ライト儀典に根本的改訂を加え、団体を再興したアルバート・パイクは、憲章にそえられた多数の副署の中に当時の駐プロシア、フランス大使デスターノをはじめとして数名の廷臣の署名があることから、少なくともこの憲章が新世界でつくられたことはありえないとしている。当時の植民地でデスターノの名が知られていた可能性がほとんどないからである。副署署名者としてはデスターノの他に判読不能の署名もいくつかあるが、ドイツ騎士団の当時の著名人であったスタークやフレデリック大王の弟で一七四〇年にフリーメイスンへ入会したヘンリッヒ・ヴィルヘルムやプロシア首相ウォルナーの署名が判読されるといわれる。

（六）「一七八六年憲章」には三階級の象徴ロッジに対する多階位の優位性や管轄権の主張はなく、かなり体系化された憲章と規定であり、フランス語とラテン語により記述されている。フランス語は要約、ラテン語は完述で、双方に微妙な食い違いがある。一七八六年五月一日のベルリンにおいて国王フレデリック大王が承認署名し、さらに後段では団体の管理機関としての評議会の運営細目も定められている。

（七）大王がいかなる権限に基づいて憲章の作成を命じたかという疑義は残るが、当時のメイスンの暗黙の了解事項となっていた国王特権によるとの解釈も成立する。また仮に作成権限にいかなる疑義があろうとも、私的団体は国法や社会通念に反しないかぎり、いかなるルールであろうとも採用することができる。

チャールストンに十九世紀初頭、新たに創立されたスコティッシュ・ライト評議会という私的団体は自由に自分の基本規定を採択する権利があり、評議会の成立当初にこの憲章が採用されたという事実は動かせない。評議会は憲章に従って十九世紀初頭のチャールストンに成立し、後には整然とした組織となって世界中のスコティッシュ・ライト評議会の「マザー（母体団体）」となり、現在にいたるまでこの憲章を遵守している。

（八）「一七八六年憲章」はモーリンの二十五階位の「完全儀礼」に八階位を加え、「司令」の三十三階位を最高位としている。ロバート・グールドの『フリーメイスン史』によると、一七九五年ジョン・ミッチェルは当初、二十五階位を授与されていて、その後一七八六年憲章に基づいて司令の三十三階位に就任したのは間違いない。だが、この三十三階位がいつ、誰により、いかにしてミッチェルに授けられたのかについては諸説があって特定できない。しかし、一八〇一年五月三十一日、この時すでに三十三階位保持者であったジョン・ミッチェルはチャールストンのシェパード・タバーンでダルチョ博士に三十三階位を授けた。この二人により三人目の司令を任命し、これを繰り返して憲章に定める評議会の定員九名を成立させた。

（著者注）評議会の成立した五月三十一日は日曜日だった。日曜日に儀式を行ったのはフリーメイスン慣行としては異例といえるが、この日はフレデリック大王の一七四〇年の即位記念日であった。ダルチョ博士は大王の廷臣の家系であったので、この日が記念日であることを十分承知していて、意図的にこの日を選んだものと考えられている。

この手続きを合法化するジョン・ミッチェル自身の資格に関しては憲章の規定に照らして疑義が残るものの、評議会は初めて九名の司令によって構成されたスコティッシュ・ライト三十三階位の継続的な管理機構であり、やがてこの管理機構は米国のスコティッシュ・ライト評議会となった。

この機構は、後にワシントンＤＣへ移動して現在、全世界のスコティッシュ・ライトのマザー評議会となって、南北戦争以前の自由州と奴隷州の境界であったメイスン＝ディクソン線以南のスコティッシュ・ライトを直接管理して活動を続けている。

（九）チャールストンの評議会が初めて「マザー」（母体団体）として機能し、第三者に三十三階位評議会開設の権限を授与したのは一八〇二年二月二十一日である。この時、前述の反乱発生のため、ドミニカからチャールストンへ避難していたデグラス＝ティリー伯爵とその義父デラホクに対して、スコティッシュ・ライト三十三階位を授与した。さらにそれぞれを終身の司令と副司令に任命し、地域限定のない評議会開設の権限が与えられた。

一八〇四年、デグラス＝ティリーはパリに「スコティッシュ・ライト・フランス評議会」を創立、パリの三十三階位評議会はチャールストンに次いで世界で二番目の評議会であり、欧州にあっては当然、最初の評議会であった。

（十）一八一三年には南方評議会はニューヨークを本拠とする北方評議会開設を承認した。

南方評議会の復興

チャールストンで一七八六年憲章に基づいて一八〇一年に創立された評議会（正式には「南方評議会」と呼ばれる）の十九世紀前半の業績は、デグラス＝ティリーにパテントを与え、欧州へスコティッシュ・ライトを拡大したことと、マザーとしてニューヨークを本拠とする北方評議会を承認したことを除いては数えたてるほどのものはない。各地に支部や理事会を開設はしたものの記録類は紛失したり破棄されたりして、今日では断片的な記録が残されているだけである。

一八一六年、南方評議会の総司令であったジョン・ミッチェルが死去し、協力者であったダルチョ博士が後を継いだが、一八二二年には評議会の定員数である九名の司令は三名に減り、翌年にかけてかろうじて六名を補充して評議会開催にこぎつけるあ

「スコティッシュ・ライト」を再興したアルバート・パイク

「スコティッシュ・ライト」の代表的なシンボルマーク
（右：33階位、左：14階位）

りさまであった。評議会はこうした困難の中でかろうじて生き残っていたが、十九世紀半ばにいたって、この評議会にアルバート・パイクというすぐれた指導者が現れた。

アルバート・パイクは研究家タイプで慎重かつ論理的な法律家で、穏やかな外貌だったが、こと基本原則に関しては容易に妥協することはなかった。一八五〇年、マスター・メイスンとなり、当初ヨーク・ライトの支部に加入して多階位を知り、当時チャールストンで書記役に任ぜられていた三十三階位のマキ博士によりスコティッシュ・ライトの四階位から三十二階位までを授与された。三階級の象徴ロッジやヨーク・ライト支部での階位授与とは違って、この四階位から三十二階位までは三日間にわたる簡単な講義と宣誓だけによるものであった。

パイクはこの説明による階位授与に満足せず、与えられた講義や説明の本質に疑問を感じたので、これを調査・解明しようと決心した。このあたりの経緯はマキ博士に宛てた一八五五年九月の書簡に簡潔に述べられている。

〈かなりの量のリチュアル（儀典）関連の文書を集めてこれを書き写すことから始めました。しかし、次第にわかってきたのは、どの階位の儀典も説明もその内容はとぼしいものであることでした〉

アルバート・パイクの始めた作業をきっかけとして、評議会の中に儀典改訂委員会が編成され、パイクはその一員に指名された。パイクは当時三十二階位だったが、他の委員はすべて三十三階位保持者であった。委員会とはいえ実際の作業はパイクひとりの仕事で、他の委員はパイクの作業結果を閲覧し了承するのみであった。現在、ワシントンにある南方評議会の文書庫には四百頁にわたるパイク自筆の儀典の写しが残されている。

パイクの写しに残された儀典は、今日の儀典とは異なり、かなり粗略なもので、ロッジ・支部・評議会など階位授与の場所によって異なる服装や備品などについて述べられ、開会・閉会時の儀式仕様、宣誓内容、合図などが記されているだけである。階位によっては講義が入っているが、いちじるしく粗雑な内容であった。パイクは一八八七年の著書の中で次のように述べている。

〈当時の「スコティッシュ・ライト」の儀典も「完全儀礼」の儀典もともに、私が授与されたものは……その内容はほとんど無意味、無価値なものであった。……その中には新鮮な理念、知識などは何もなく、理性と知性をもつ者にとっては平凡な安っぽいつくりものにすぎず、二、三の階位の寄せ集めであることは明らかであった〉

しかし、当時のスコティッシュ・ライトにおいては誰も儀典や講義の内容の貧しさには注意を払わず、すべての入会希望者が「プリンス・メイスン」の称号とともに三十二階位となり、称号の証明書を受け取ることで満足していた。だが、パイクはこの中身のとぼしい儀典により階位授与が行われるかぎり、スコティッシュ・ライトに大きな発展を期待することはできないと感じた。

アルバート・パイクは改訂作業に取り組み始めた時、儀典の中に含まれる象徴性、古代神秘性、密教性、その他主題の基礎となった多量の古代記録を検討し、その中からあるものは捨て去り、あるいは付け加え、無数の資料を駆使して全面的に整理・改訂を加えた。その一部は後世にいたって特定の宗派への配慮から削除された部分もあったが、ここに今日のスコティッシュ・ライトの儀典の原型がほぼ完成した。

彼は評議会から名誉階位として三十三階位を授与され、一八五九年には最高指導者である「総司令」に選出されて、一八九一年の死去までその職にとどまった。

パイクの改訂は、半世紀前の一八〇一年のチャールストンでジョン・ミッチェルとその協力者がつくり出した骨格に肉づけを施し、道徳体系の基礎である論理的なリチュアル（儀典）として完成したものであった。十九世紀半ばにおけるチャールストンの指導者の的確な判断と努力により、現在、南方評議会は世界中のスコティッシュ・

ライト評議会の「母体団体（マザー）」となっている。以下は二〇〇六年現在、南方評議会で採用されている階位とその基盤となった主題その他である。

（著者注）以下の階位の「和訳名称」は著者の主観的翻訳によるもので、わが国のスコティッシュ・ライトでは和訳の階位名は用いず、原語をそのまま使用している場合が多い。

	名称	主題
四階位	シークレット・マスター	ハイラム伝承
五階位	パーフェクト・マスター	ハイラム伝承
六階位	インティメット・セクレタリー（特別秘書官）	ハイラム伝承
七階位	監督判事	ハイラム伝承
八階位	建築監督官	ハイラム伝承
九階位	選ばれし九人	ハイラム伝承
十階位	選ばれし十五人	ハイラム伝承
十一階位	選ばれし十二人	ハイラム伝承
十二階位	建築主任	ハイラム伝承
十三階位	ソロモンのロイヤル・アーチ	エノク伝承

十四階位　パーフェクト・イルー　ソロモン伝承
十五階位　東方の騎士、剣の騎士または鷲の騎士　アポクリファ（外典）
十六階位　エルサレムのプリンス　アポクリファ（外典）
十七階位　東と西の騎士　聖堂騎士団
十八階位　薔薇十字の騎士　十字軍伝承
十九階位　大祭司　旧約聖書
二十階位　象徴ロッジのマスター　自由友愛理念
二十一階位　ノアの後裔またはプロイセンの騎士　プロイセン騎士団伝承
二十二階位　気高い斧の騎士またはレバノンの王子　ソロモン伝説
二十三階位　移動神殿の族長　モーゼ伝承
二十四階位　移動神殿のプリンス　モーゼ伝承
二十五階位　青銅の蛇の騎士　モーゼ伝承
二十六階位　慈悲のプリンス　初期キリスト教
二十七階位　寺院警備の騎士　十字軍伝承
二十八階位　太陽の騎士または練達のプロンス　哲理
二十九階位　スコットランドの聖アンドリューの騎士　聖堂騎士団伝承
三十階位　カドッシュ騎士または白と黒の騎士　聖堂騎士団伝承

三十一階位　検察審問者　　　　　　古代エジプト伝承
三十二階位　ロイヤル・シークレットのマスター　哲理
三十三階位　司令　　　　　　　　　総合理念

一八一三年、チャールストンの南方評議会はニューヨークの北方評議会を承認して憲章文書を与えたが、この承認行動はチャールストンが母体団体（マザー）としての立場を意識したものである。それは発足当時の北方評議会も十分了解していたはずで、この暗黙の了解のもとに友好関係が成立していた。

だが一八四九年になると、北方評議会はたまたま首都ワシントンに在住するある著名人への階位授与を希望したことで混乱が生じた。ワシントンは南方評議会の管轄地となっていたので、北方は南方に対してポトマック川を境界とすることを提案し、南方がこれを受け入れると、メリーランド州と首都ワシントンのあるコロンビア直轄領（DC）が北方の管轄下に入ることとなる。そうなると境界線が大きく南へ移動するので、この問題はその後の十年間にわたって両評議会の論争の種となった。論争は歴代の総司令に受け継がれ、最後には当時の北方総司令レイモンドと南方総司令アルバート・パイクの間の直接会談となった。

レイモンドは北方評議会の存在基盤として、一七八六年憲章が定める「北米には二つの評議会を設ける」という条項に照らして北方の存在は憲章の認める自然権に基づくと主張した。一方、パイクは憲章の認めているのは「北米には二つまでの評議会」であるから北方は南方の「マザー」としての承認によってのみ存在を認められていると主張した。

両者の論点の食い違いの原因は、北方が一七八六年憲章の非公式略述である「フランス語記述」に述べられた「米国に二つの評議会」の定義に基づいて主張したのに対し、南方は公式完述の「ラテン語記述」に記された「米国に二つまでの評議会」の定義に準拠したためで、双方の文章を厳密に英訳した結果、論争の原因が判明した。原因は判明したが南方は結局妥協せず、現存の南北境界線に固執した。その後、諸般の事情から南方評議会がチャールストンから首都ワシントンへ移転し新たな本拠としたため、既成事実によって自然に境界線を変えることなく解決してしまった。

しかし、この紛争も時の経過とともに風化し、やがて両者の関係も修復され、今日、北方評議会は南方をマザーとして受け入れ、友好的な協調関係のもとに米国北東部の十五州を管轄下において活動している。

第6章　日本のフリーメイスンリー

日本に初めてフリーメイスンのロッジが開設されたのは幕末の頃、開国後の居留地で、会員は在留の外国人に限られていた。その後、いろいろな経緯から外国人のメイスンと明治政府との間の微妙なやりとりから、両者の間に紳士協定ができて、日本のメイスンリーは在日の外国人のみに限られることとなり、日本人は閉め出された。

結果、ほとんどの日本人はフリーメイスンリーの実体を知らず、この協定の存在は太平洋戦争の開戦まで公開されることなく続いた。この協定によって日本の大衆はフリーメイスンに対して誤解と偏見を抱き、加えて二十世紀前半の軍国主義者による激しい非難攻撃があり、その影響はある程度、今日にまで及んでいる。

開国

日本とフリーメイスンとの関わりは江戸末期、十九世紀半ばの幕末から始まり、それ以前にはフリーメイスンに関する記録はない。幕府との数次にわたる交渉の末、一八五八年（安政五）、横浜（神奈川）をはじめとして長崎、新潟、兵庫、函館の開港が決まった。兵庫は後に神戸となる。

この開港を引き金として、これに反対する世論を抑圧するため「安政の大獄」が起こり、その反動として数年後の「桜田門外の変」となって日本の政情は揺れ動いていく。一方、西欧各国の商人その他の人々は開港場にできたばかりの外国人居留地へ流入を開始し、横浜ではこれに反感を抱く攘夷浪士による血なまぐさい事件が相ついで起こった。

一連の刃傷騒ぎの最初の犠牲者は、一八五九年（安政六）に横浜で起こったロシア海軍士官と水兵の殺害とされ、次の犠牲者は翌安政七年に同じく横浜で殺害されたオランダ人船長、W・デ・フォスと商人、N・デッケルであった。外国人の居留民たちは今後この種の騒ぎを少しでも予防するための示威運動として、二人のオランダ人のために、できるだけ盛大な葬儀を営むことになった。

二人は居留民の間ではメイスン会員として受け取られていたが、当時の日本にはフリーメイスンのロッジはなかったから、正式なメイスンの儀式による葬儀を営むことはできなかった。しかし、居留民の中にいたメイスン会員たちは儀式用の正装であるそれぞれのエプロンを着用して葬儀に参列したため、互いに居留地内に多数のメイスン会員がいることがわかった。惨殺された二人が本当にメイスンであったかどうかについての記録は今日まで確認できないが、横浜の外人墓地に埋葬され、現在もその墓が墓地内にある。

数年後の一八六四年、イギリス公使の要請による居留民保護のため英国歩兵第二十連隊、ランカシャー・フュージリア隊が香港から横浜へ移動してきた。この部隊内にアイルランド・グランド・ロッジより正式認証を受けていた軍隊ロッジ「スフィンクス」があった。

軍隊ロッジは本来、その部隊の所属員のためのロッジなのだが、ロッジへの民間人メイスンの訪問や入会を認め、さらに恒久的なロッジのない土地から移動していく場合には、残留する民間人会員のためにしかるべきグランド・ロッジへの認証状の申請を支援するなど、将来、その地に恒久的なロッジができるよう支援していた。

この「スフィンクス・ロッジ」は横浜到着後、在住のメイスン会員の好意で本町七十二番地の建物を借り受け、これをロッジとして一八六五年一月（慶応元、正確にはこの年四月までは元治二）、最初の集会を開き、その後も定期的に活発な集会を続けた。この集会については現在、アイルランド・グランド・ロッジに当時の「スフィンクス」から送られた定期報告書の記録が保存されていて、この年一月の集会が日本における最初のフリーメイスン集会であったことが確認されている。一八六五年というと幕府が第二回長州征伐を発令し、坂本竜馬が薩長連合に奔走していた頃であった。

軍隊ロッジはいずれ軍命によって移動していくことがわかっていたので、居留民のメイスンの間には横浜に恒久的な民間ロッジを開設する気運が高まり、民間人メイスンたちは相談してイングランドのグランド・ロッジに認証を申請することとなった。一八六六年（慶応二）六月二十六日イングランドから届いた認証状に基づいて「スフィンクス」が使用していた同じ建物に「横浜ロッジ」として恒久的な民間ロッジを開設した。開設当日は十七名のメイスン会員の出席があったと記録され、一方、「スフィンクス・ロッジ」はこの年三月の集会を最後として離日している。

「横浜ロッジ」はその後、横浜の中で何回かの移転を繰り返した後、六十一号地の建物に移転し、結局、この建物は一九二三年（大正十二）の関東大震災で被災するまでロッジとして使用された。大震災後は本国のイングランド系メイスンたちの拠出によって、山手三番地に新たにロッジ集会専用の建物が建造され、そこに移転した。

「横浜ロッジ」は太平洋戦争開戦の少し前までこの建物で集会していたが、開戦が近づくと所属会員が次々と日本を去ったため開戦のしばらく前から休眠し、終戦後は再開されなかった。この建物は太平洋戦争中は日本政府に接収され、戦後は他のロッジが一九八〇年代まで使用したが、このロッジには戦後、マッカーサー司令官をはじめとして多数の占領軍幹部のメイスン会員の訪問があった。

1923年の関東大震災後、
横浜に再建された「横浜ロッジ」の外観とその内部

明治時代のロッジ

アイルランド系の軍隊ロッジ「スフィンクス」に始まった日本のフリーメイスンリーは、その後「横浜ロッジ」をはじめとして各地の居留地に次々と民間ロッジが開設されていき、明治前半、国内には次の八ロッジがあった。しかし、前述のように会員はすべて外国人で、この時期、フリーメイスンは日本人にとっては未知の存在であり疑惑の対象でもあった。

開設年	名称		地域
一八六六年（慶応二）	横浜ロッジ	イングランド系	横浜
一八六九年（明治元）	オテントサマ・ロッジ	イングランド系	横浜
一八七〇年（明治三）	ロッジ・兵庫・大阪	スコットランド系	神戸（現存）
一八七〇年（明治三）	日本ロッジ	イングランド系	東京
一八七二年（明治五）	ライジング・サン・ロッジ	イングランド系	神戸（現存）
一八七九年（明治十二）	ロッジ・東方の星	スコットランド系	横浜（現存）
一八八三年（明治十六）	東京ロッジ	イングランド系	東京

一八八五年（明治十八）　ロッジ・長崎　スコットランド系　長崎

ちなみに、幕末の長崎で活躍したスコットランド系の英国人グラバーは、オペラ『蝶々夫人』の舞台となったという邸宅に住んでいて、メイスン会員であり、幕末の志士たちへ討幕支援として武器を提供したとの説がある。グラバーが幕末にここに住んでいたのは事実であり、長崎にスコットランド系のロッジが開設されたのも事実だが、開設されたのはグラバーが活躍した時代の二十年以上も後のことである。

グラバーのメイスン説は現在、旧グラバー邸の近くに置かれているメイスンのシンボルの彫られた石柱を証拠として、空想の翼を広げたものと思うが、この石柱は戦後に長崎市が市内の別の場所からもってきて、観光目的でグラバー邸の近くに据え付けたもので、問い合わせに対して市当局が文書でこれを認めている。

グラバーとスコットランドのアバディーン・ロッジとの関連も、何の記録も発見できない。また、石柱のかたわらに建てられた説明文のロッジの開設年代も誤っているが、市当局はグラバーがメイスンであったとは言っていないのだから承知の上で放置しているものと思われる。

十九世紀も後半になってメイスン団体が組織として討幕運動支援などの政治活動に介入することはありえない。グラバーは人間的には興味深い人物だが、たまたま幕末の日本で荒稼ぎをした武器商人であったようで、「武器商人グラバー＝メイスン説」にはなに一つ根拠がなく、ロマンとしては面白いが残念ながら空想にすぎない。グラバーは薩摩藩などの討幕派に対してだけでなく、佐幕系の諸藩や幕府にも武器・船舶を売却していたといわれる。

最初の日本人メイスン

長い間、日本人のフリーメイスン第一号は明治後半、わが国最初の「大使」となり、英国でフリーメイスンに入会した駐英大使（赴任当時は公使で、後に大使に昇格）、林董（はやしただす）（一八五〇～一九一三）と考えられていた。しかし、一九七八年にいたって明治維新直前のオランダでの日本人のフリーメイスン入会に関する資料が発見された。

この情報はオランダから香港の研究家クリストファー・ハフナーのもとに送られてきた。送ってきたのは戦後、スコットランド系の「ロッジ・兵庫・大阪」のロッジ・マスターをしていたゲス・ダルファーで、つねづね日本のメイスンリーに関心をもち、ハフナーとも親交があったので、この発見についてハフナーの検証を求めて情報を送ってきたのであった。

ダルファーの発見した資料は、発見からちょうど五十年前にあたる一九二八年（昭

日英同盟締結に尽力し、イギリス滞在中に入会した
駐英公使（後に大使）、林董の肖像

関東大震災によって崩壊した
横浜下町のロッジの建物（右）と「横浜ロッジ」の飾り幕

和三）の昭和天皇の即位にちなんで、G・フィセリングという人物によりオランダで刊行された著書で、『日本皇帝の戴冠式――オランダと日本の過去のきずな（わが父、S・フィセリング教授の日記よりの抜粋）』と題していた。そこには幕末に海外研修のためオランダに派遣され、後に明治初期のわが国の西欧思想啓蒙に大きく貢献した哲学者、西周（一八二九～一八九七）と津田真道（一八二九～一九〇三）の二人がオランダでの勉学中の一八六四年（元治元）、ライデンの「ラ・ヴェルトウ・ロッジ・ナンバー七」において入会したことが記されていた。

ハフナーはオランダのロッジからローマ字と漢字で署名された二人の入会記録の写しを取り寄せ、二年間の資料調査の結果、百年以上前のオランダにおける二人の入会が最初の日本人メイスンであったことを確認して、一九八〇年、香港において関連資料とともに公表した。二人の入会推薦者はS・フィセリング教授であった。

日本政府との「紳士協定」

明治十年代後半に入ると、数年後の憲法制定を前にして国内は政情不安定となり、明治政府はそれとは意識せずに日本のフリーメイスンリーの将来に大きく影響する政策を決定した。一八八九年（明治二十二）の憲法制定前の騒然たる世情に対処するた

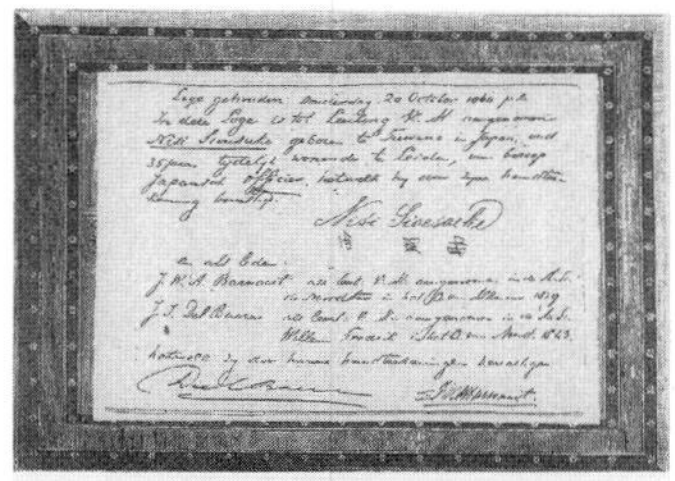

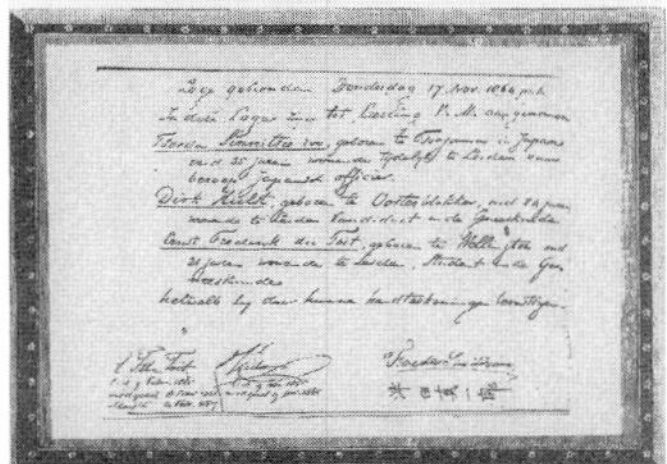

オランダのライデンで入会した西周と津田真道の入会申請書
（現地のロッジに現存）

津田真道

西周

め、一八八七年（明治二十）十二月、時の政権に対する危険分子とみなされた中江兆民、尾崎行雄、星亨など五百七十名を超える反対派を東京圏外へ追放し、いっさいの非公開集会を禁止する「保安条例」を発令した。これによりすべての集会には事前の届け出と「臨検」といわれた官憲の立ち会いが必要となった。

この時期、居留地に流入していた外国人や外国系団体には治外法権が適用されていて、日本の法律は適用されなかったから、当初この条例はフリーメイスン集会にとって問題とは考えられていなかった。しかし、一八九四年（明治二十七）になると日本と英国の間に他国にさきがけて条約改正が成立した。

それまでは外国人や外国系の会社や団体は諸外国の領事による「領事裁判」の下にあったが、条約改正となればその国の国民・会社・団体などは当然、日本の国法下におかれることになる。そうなればフリーメイスンの集会も非公開集会を禁止する保安条例の対象となるのは時間の問題であり、これにより日本官憲がメイスン集会への立ち会いを要求することが予想された。

実際にはこの「保安条例」は悪法として後に廃止されるのだが、英国との間に第一次条約改正の成立した一八九四年から一八九七年（明治三十）頃にかけてのある時期、まだこの条例が効力をもっていた頃、メイスン会員たちはこの問題を日本政府と交渉することを決めた。交渉の日時は正確には記録されていないが、イングランド系の日本における責任者であり日本政府の通信技術顧問であったＷ・Ｈ・ストーンを代表として、当時の外務大臣（名前は不明だがその時期から推定して陸奥宗光か大隈重信のいずれかと考えられる）に面会を求めた。

日本側はフリーメイスンが危険な団体でないことについて薄々の認識はもっていたものの完全な信頼感をもっていたわけではなかった。しかし、条約改正進行中の大切な時期に在日の外国人たちを不必要に刺激したくはないし、ストーンがフリーメイスン理念の非政治性・非宗教性を力説し、また欧米諸国において政府により承認・支持されていることを強調したので、日本政府側はフリーメイスン集会を取り締まりの対象外とすることには合意した。しかし、その見返りとしてフリーメイスン側は「日本人を入会させず、日本社会に対して接触せず、宣伝活動などいっさい行わない」旨の約束をさせられた。

この協定はすべて口頭による「紳士協定」だったが、その効力は一九四一年（昭和十六年）の太平洋戦争の開戦によって全ロッジが閉鎖されるまで続いた。今日まで日本側にはこの協定に関する資料は発見されていないが、メイスン側にはストーンから他の会員に対して日本政府との合意を遵守するよう繰り返し注意したことが記録されている。

一八九八年（明治三十一）十二月二十九日、メイスン会員の年末晩餐会の席上、ストーンは「日本政府と列強間の条約改正の進行にともない、われわれフリーメイスンの集会は日本国国法の制約下に入ることとなりました。これについては諸兄に以前の小職の報告を想起していただきたい。日本帝国の外務大臣は最近の会見においても数年前と同様、フリーメイスン集会に対して好意的配慮を与えることを約束されましたので、われわれはかねての『協定』に基づいて宣伝活動などはいっさい行わず、われわれの存在を日本社会に対して誇示することなく、集会を静謐（せいひつ）裡に行うよう万全の注意をはらうことを望みます」と述べた。

さらに、翌明治三十二年の年末晩餐会でも同じような趣旨を繰り返したスピーチが記録されているから、明治三十一年の保安条例の廃止後も政府とフリーメイスン間の紳士協定は有効に続いていたことがうかがわれる。

その後の大正末期以降、昭和を通じて太平洋戦争にいたるまでの間、フリーメイスンは政府との間に友好関係は維持していたが、軍国主義者からの激しい非難攻撃にさらされた。「外国人だけが入会する陰謀スパイ団体で、日本人はのけ者にされ、入会はおろか見学さえもさせぬ反日・反国体的団体である」との非難が新聞に表れたり、軍国主義者からも強く攻撃されたりしたが、これに対してメイスン側がかたく「沈黙」を守り続け、なんの反論もしなかったのは、この「紳士協定」による制約のためであったのは間違いない。

「紳士協定」による制約は、明治初期の日本政府の外交政策遂行上に派生した微調整にすぎなかったが、この「微調整」の結果、フリーメイスンリーは明治・大正・昭和初期を通じて日本社会から隔離され、ほとんどすべての日本人にとって未知と疑惑の対象となってしまった。会員は外国人に限られ、集会は見学できず、この団体に対する疑惑は大正末期からの国粋主義・軍国主義の台頭とともにフリーメイスン非難の報道となった。攻撃は次第に拡大し、疑いは一般大衆に浸透した。

加えて昭和初期、わが国の政治的指導権を握った軍部へのナチス・ドイツからの影響とこれに同調する反ユダヤ・反フリーメイスン的風調や、フリーメイスンはスパイ団体にちがいないとの一般大衆の疑惑や被害意識が次第に社会常識となっていった。

日本の軍国主義とナチス・ドイツの共同歩調の流れの中にあって本来、世論の偏向に対する抑止力となるはずの言論機関が機能しなかった大正後期から昭和初期にかけては、軍国主義者とこれに同調する言論界の扇情的な記事がそのまま信じこまれ、指導的立場の政治家の暗殺がたび重なる暗い時代であった。この間、フリーメイスン側は日本社会からの疑惑や非難攻撃に対してなんの反発もできず、なすすべもなく諦めに似た感覚の中で自分たちだけの殻に閉じこもり、太平洋戦争勃発までの残された束の間の平和を楽しんでいたのであった。

この結果、今日となってもわが国は先進国の中では、例外的にフリーメイスン関連の後進国となってしまい、一般大衆はこれに関してほとんど無知、あるいは根本的な偏見をもち続けている。

ユダヤ系とフリーメイスンの「共同謀議説」

大多数の日本の大衆はフリーメイスン団体とユダヤ系の間には切っても切れない関係があって、フリーメイスンは多かれ少なかれユダヤ系の人々の影響下に行動すると疑っているものと考えられる。

旧約聖書は古代ユダヤ人の伝承的歴史書であり、建築実務の時代に石工団体のロッジがもっていた古代訓戒写本は古代ユダヤ人に関する旧約聖書の伝承をもとに団体の発祥起源を述べている。さらに石工の時代が終わり、象徴メイスンリーの組織化が始まった十八世紀以後も百年以上にわたって、旧約聖書に基づくフリーメイスン史を多くの会員が信じこんでいたから、今日のメイスン会員の使用する儀典の中にモーゼ、ダビデ、ソロモンなどの古代ユダヤ系の人物が現れたり、古代ユダヤ風の装飾がロッジ内に用いられたりするのは自然のなりゆきであった。

しかし、十九世紀も後半に入ると、それまで長期にわたって多数の会員に信じこまれてきたフリーメイスン起源を旧約聖書の中におく空想的な発祥起源説の時代は終わり、史実と記録を重視する歴史観の時代に入った。しかし、フリーメイスンの発祥地である西欧文明そのものが旧約聖書の影響なしには考えられないし、物証に基づく発祥起源説の時代になっても、その儀式や儀典の中に多かれ少なかれ旧約聖書の影響のあるのは避けられなかった。だが、儀典や講義の中の「古代ユダヤ民族」は別として、「今日のユダヤ系の人たち」とフリーメイスンの間には直接にはなんら特別の関連はなく、ユダヤ系については「多数のメイスン会員の中にはユダヤ系もいる」だけである。

しかし残念ながら、わが国では今日でもフリーメイスン団体とユダヤ系は密接な関係があるとか、ユダヤ系の人々がフリーメイスンを支配しているなどの流説が一般大衆に信じられている場合が多い。なぜそうなったのか、その原因を考えてみたい。

ロンドンでのグランド・ロッジ創立以後は、一七二三年憲章に定められた汎宗教・汎宗派の理念が採用されるとともに、ユダヤ系の人々は英国をはじめとする欧州諸国や新大陸のフリーメイスンに受け入れられるようになった。しかし、ドイツを中心とする地域では、ユダヤ系の受け入れにはかなり消極的だった。神聖ローマ帝国以来、今日ドイツと呼ばれる地域は、一時は三百もの公国に主権が分裂していたが、十九世紀後半にはこれが四十ほどとなり、やがてプロシアを中心とするドイツ統一が実現した。

しかし、古くから民族主義的傾向が強く、ユダヤ系の人々に対する差別が各地方に根強く残っていて、ドイツ各地のロッジは十八世紀半ば以降になってもユダヤ系の人々を差別していた。入会も訪問も全面的に拒否するロッジ、訪問は受け入れるが入会は許さないロッジ、全面的に受け入れるロッジなどさまざまだった。その多くはユダヤ系の受け入れに積極的ではなく、二十世紀初頭の第一次大戦までは、ユダヤ人を全面的に受け入れたロッジは少数派であった。

第一次世界大戦はドイツの敗戦によって終わりを告げ、欧州のフリーメイスンリーは戦前の秩序を回復するかに見えた。しかし、カソリック勢力の強いイタリアとスペインでは第一次大戦後に独裁政権が出現して第二次大戦の終わる頃まで存続し、その間、ムッソリーニとフランコの二人の独裁者はフリーメイスンに対して迫害と弾圧による政策を続けた。

政権維持のために国内多数派であるカソリックの支持を取りつけるためと、メイスンリーの内蔵する自由主義的・民主主義的理念の抑圧が主目的だったが、第一次大戦敗戦直後のドイツに奇妙な現象が起こった。好意的でなかったドイツのフリーメイスンとユダヤ系が共謀してドイツを第一次大戦に導き、敗戦をもたらしたという「共同謀議説」が現れたのである。

これは非論理的な発想だったが、ここに主張された非難はフリーメイスンの歴史の中に初めて現れた、ユダヤ系とフリーメイスンを結びつけた共同謀議説であった。この非難以前にも民族主義的観点に立ったユダヤ系への反感表明や、他宗派との間に友愛を築こうとするフリーメイスン理念に対する宗教的非難など、それぞれの立場での反感や非難はあったが、両者を結びつけて攻撃した共同謀議説はこれ以前には記録されていない。

第一次大戦中、ドイツの専制的軍人として知られていたエーリヒ・ルーデンドルフ将軍（一八六五～一九三七）とその妻は、戦後の一九二〇年代初頭から宣伝活動を展開し、『秘密暴露とフリーメイスンの絶滅』『戦争勃発の真相』と題する小冊子と著書を発表した。彼らはユダヤ系がフリーメイスンの組織を利用してドイツを第一次大戦に引き入れ、敗戦に導いたと非難した。新聞以外のマスコミ手段は一般的ではなくラジオの普及も限られていた時代だから、各地に巡回講演を行い活動を展開した。

本来、民族主義的傾向が強く、反ユダヤ的で軍国主義を前面に押し出したドイツは、第一次大戦で民主主義的・自由主義的傾向の強い英米やフランスの連合国に敗れた。その敗戦国ドイツではルーデンドルフ夫妻によるユダヤ系とフリーメイスンの共同謀議の主張は大衆の間に共感を生み、その効果はある程度オーストリアやチェコなどの近隣の中欧諸国にまで及んだ。

だが、肝心のドイツ国内での反応は少なくとも一九三三年以前には、国内の一部に

ユダヤとフリーメイスンの共同謀議説を唱えた
エーリヒ・ルーデンドルフ

とどまり、全国的に展開する情勢下にはなかった。メイスン会員ではなかったが、一九二五年大統領に選出されたヒンデンブルグが民主主義を信奉し、フリーメイスン理念に対して深い理解を示し、これを支持していたからであった。

ルーデンドルフ夫妻が掲げた反ユダヤ運動は民族主義運動の一環としては理解できる。しかし、フリーメイスンとの共同謀議説発想の発端は推測するほかはない。夫妻はおそらく民族主義的・国家主義的傾向の極度に強い反ユダヤ感情の持ち主であり、加えて旧敵国、英米を発生源とする自由主義理念に立脚したフリーメイスンリーに反感を抱き、両者への反感から共同謀議説が生み出されたものと推測される。夫妻の行動は強い民族主義と国家主義におぼれ、これに自由主義・民主主義に対する反感が重なり、多少の売名的要素の加わったもののように見える。

一九二三年十一月、当時まだ無名の民族主義者であり国家主義者であったヒトラーはミュンヘンの大ビヤーホールで開かれた政治集会に同調者の突撃隊員とともに乱入し、隊員には機関銃を据え付けさせ、彼自身は手にもったピストルを天井に放って、現政府に代わり臨時政府が樹立されたと宣言した。

これはもちろんヒトラー一流のはったりで、この時点では臨時政府など存在してもいなかったのだが、会場の聴衆には事の次第を知るよしもなかった。ヒトラーははったりの効果を拡大するため会場から使者を出して、当時ミュンヘン郊外に住んでいたエーリヒ・ルーデンドルフ将軍に迎えを送った。半信半疑ながらヒトラーのこの動きに応じたルーデンドルフの会場への出現は聴衆の喝采を浴び、国家主義によるドイツ再生に強い印象を与えたと記録されている。

ルーデンドルフはその後の法廷において、この件については招かれて出席しただけなので罪状軽微として無罪となったが、ヒトラー自身は首謀者として五年の刑を言い渡された。しかし、結局は九ヶ月後に釈放され、この監禁中に後に有名になる自伝と今後の国家主義行動の計画の書である『わが闘争』を記して、釈放後はその政治活動が活発化した。

ヒンデンブルグ大統領の寛容政策により反ユダヤ・反フリーメイスン運動は小康を保っていたが、一九三三年一月ヒトラーが首相に就任した。この年、ツェッペリン飛行場で行われたナチス党大会には約五十万人の党員が参加し、ヒトラーへの忠誠を表す「ハイル・ヒトラー」の叫びは会場にとどろいた。やがてヒンデンブルグの死後、一連の血なまぐさい暴力と粛正による政治劇が進行し、ヒトラーが総統としてドイツの全権を掌握すると事態は一変した。

ヒトラーは後のユダヤ系のホロコーストに示されるように、ドイツ民族主義に基づくユダヤ系の絶滅をはかり、全体主義思想のもとに自由主義・民主主義の温存母体と考えられるフリーメイスンの一掃を望んだから、エーリヒ・ルーデンドルフのユダヤ=フリーメイスン共同謀議説の主張はナチスの全面的な支持を得た。ユダヤ系への過酷な迫害は戦後にその実体が判明すると世界中に衝撃を与えたが、フリーメイスンに対してもナチス独特の強烈な弾圧が開始された。

一九三五年八月には全フリーメイスン・ロッジの解体命令が発せられた。ナチス系新聞にはルーデンドルフ夫妻の非難に基づいて、第一次大戦の口火となったサラエボのオーストリア皇太子夫妻の暗殺はユダヤ系の陰謀で、その指示によってフリーメイスン会員により実行されたとの記事が掲載された。この暗殺の実行犯は民族主義者でサラエボで逮捕されたが、未成年だったため死刑を免れ二十年の禁固刑となった。後に獄中で死亡したことが記録されている。

十八世紀の組織化以降の新しい理念のもとでは、フリーメイスンは未成年者を会員として受け入れることはない。これは世界的な基本ルールであるから、この犯人がメイスン会員であったということはありえないし、記事がルーデンドルフ説による捏造であったのは明らかである。しかし、この誤りを指摘したある新聞の編集者はただちに免職となって新聞界から追放されてしまった。

ナチスの反フリーメイスン・キャンペーンが始まると、フリーメイスンへの新入会員は途絶え、公職その他についていた会員は追放を免れるために脱会し、ベルリンのグランド・マスターをはじめ多数の幹部が投獄された。ユーゴスラビアその他、ナチス・ドイツの侵略を受けた欧州諸国のフリーメイスンも完全に壊滅に追いこまれた。

戦後は連合軍の占領地域ではフリーメイスンリーが再開されたが、東ドイツを含めて共産圏に編入された国々では、再開は二十世紀末のソ連崩壊を待たねばならなかった。

四王天中将

日本におけるフリーメイスンへの非難攻撃の皮切りはロシア革命の数年後、一九二一年（大正十）、当時の東京帝国大学文学部助教授・今井時郎（ときお）の発表した論文「所謂世界的秘密結社について」と、これに続いて公表された陸軍大学ロシア語教授・樋口艶之助（えんのすけ）の論文その他とされる。ともに外国文献に基づいてフリーメイスンのもつ自由主義的・民主主義的理念を共産主義の発生源であり、非公開性の危険な秘密結社であるとしたものであった。

学者による非難論説に次いで、大正期と昭和初期の二十世紀前半のわが国におけるフリーメイスン攻撃の中心となったのは陸軍中将・四王天延孝（しおうてんのぶたか）であった。この人物は一八七九年（明治十二）埼玉県赤羽に生まれ、陸軍士官学校に入り、一九二九年（昭和四）中将で退役、戦後の一九六二年（昭和三十七）死去した。

佐官時代には大正初期の第一次世界大戦中に観戦武官としてフランス軍中に派遣され、ある程度フランス語・ドイツ語・ロシア語の基礎教育を受け、第一次大戦後はしばらく欧州に滞在して敗戦後のドイツ事情を見聞した。その後、旧称の満州、今の中国東北のハルビンにおいて特務機関に勤務し、中国と共産革命後のロシアの情報収集に従事した。

一九二九年に退役したが、現役中から太平洋戦争の一九四〇年代にかけて反ユダヤ・反フリーメイスンの著書を発表し、全国各地に活発な宣伝活動を展開した。まだラジオが十分普及していない頃だから最盛期には年間百回近くの講演をこなしたと称し、これに刺激されて時代の流れに敏感な多数の追従者が輩出した。

わが国での軍国主義の台頭期には学者・言論人たちが皇国思想を唱えたり全体主義を強調したり、フリーメイスンを攻撃する記述や講演は珍しくはなかったが、その扇情性により一般大衆に与えた影響の大きさは四王天中将の右に出る者はなく、戦前・戦中のわが国の反ユダヤ・反フリーメイスン運動の中核であった。

四王天延孝には大正末期から太平洋戦争勃発の一九四一年（昭和十六）にかけて三冊の著書がある。最初の著書は群馬県での講演速記を出版したものだったが、著書の主題はすべてユダヤ民族とフリーメイスンに対する攻撃であった。当時、帰属する国家がなく世界中に飛散していたユダヤ民族は、人種的にも宗教的にも孤立し居住する国への帰属意識が薄かったが、四王天はこれを危険視し、世界の平和に対する脅威であると主張した。フリーメイスン団体はこのユダヤ民族の支配下にあって、その手先として組織的に戦争や経済撹乱を引き起こす危険な存在であるとした。

これは明らかにユダヤ民族とフリーメイスンの「共同謀議」への非難であったが、四王天の著述によるとユダヤ＝フリーメイスン脅威論は、自分自身の第一次大戦後のフランスとドイツでの調査と研究の成果であると主張した。しかし、その主張の中には大戦後のドイツにおいてルーデンドルフ夫妻が初めて唱えた「共同謀議説」への言及はいっさいなく、ナチスからの影響は明瞭にこれを否定している。

反フリーメイスン、反ユダヤ宣伝の首謀者、四王天延孝の著書『四王天延孝回顧録』

四王天延孝のこの主張にはあやしげな点がある。たしかに第一次大戦直後のこの時期、ドイツにおいて四王天がナチスからの影響を受けたことはありえない。四王天がユダヤ系とフリーメイスンに対する非難攻撃を始めた一九二〇年代初期のナチスはヒトラー自身が投獄される状態であったから、ドイツ国内において微弱な存在にすぎなかった。

この点、四王天のナチスの影響の否定は納得できる。しかし、第一次大戦直後の欧州においてルーデンドルフ夫妻が世界で初めてユダヤ人とフリーメイスンの共同謀議説を公表して攻撃を始めたちょうどその頃、フランスとドイツに滞在していた四王天が独自の調査研究の結果、これとまったく同じ結論に達し、帰国後の日本でルーデンドルフ夫妻の活動にはいっさい言及せず、すべて自説としてまったく同じ発想に基づき非難攻撃を始めたのは偶然の暗合にしては出来すぎている。四王天が欧州滞在中にルーデンドルフの著書あるいは講演から、この発想を得たのはまず間違いないものと考えられる。

第一次大戦後の混乱期のドイツの状況についても、フリーメイスンについても、またユダヤ民族に関しても、わずかな情報しかもたなかった当時のわが国の一般大衆にとって、この両者を結びつけて危険視する共同謀略説はそれだけで注目の的となる新思想・新知識であり、軍国主義の台頭しつつあった第一次大戦以降のわが国の思想界に四王天を一躍、第一人者としてデビューさせるには格好のシナリオであった。

シオン議定書

四王天延孝の著書は全般的に論理と物証にはとぼしく、四王天自身の主観的な見解と扇情性に重点がおかれていたが、その中で唯一、四王天の論説の客観的物証はユダヤ民族の全人類に対する陰謀計画の証拠と主張する「シオン議定書」であった。

二十世紀初頭の西欧で発表された「シオン議定書」はユダヤの長老たちのいわゆるシオニスト会議における決議文であったとされ、この資料は四王天の主張を支える唯一の客観的物証であった。議定書の内容は妄想の書ともいうべき創作に見えるが、四王天は一九四一年の著書の中に百頁近くにわたって議定書の日本語訳の大略を掲載した。四王天は議定書の執筆者・執筆年代・執筆場所は不明であると認めつつも、これら不明な点については数頁を費やしてその真正文書であることを主張している。

「シオン議定書」は二十四項目よりなり、全般的には妄想的な記述だが、以下にその主要部分を紹介する。冗長を避けるために一部しか紹介しないが、掲載しない部分も妄想的な点は大同小異である。

第一項　政治において最も効果的なのは学識と議論ではなく「力」と「恐怖」である。政治と道徳には共通点はない。道徳に制約される政治家は失格であり、その権力を維持できない。力と偽善はわれわれユダヤ人のモットーであり、目的達成のためには賄賂、策謀、裏切りもためらわず、政敵を倒し権力を奪取するためには他財産の収奪もためらってはならぬ。

第二項　新聞の使命は民衆の要求を導き出し、人民の不平不満をあおる点にある。新聞には言論の自由を与え、政府はこれを利用せねばならぬ。われわれは新聞の背後に身を隠し勢力を伸ばしてきた。我ら同胞一人の犠牲は千人の非ユダヤ人に値する。

第四項　フリーメイスン結社の活動はわれわれの力と目的を隠す仮面である。秘密

第五項　政権の存在や戦略は民衆には悟らせない。

第十一項　われわれは過去二千年、非ユダヤ人の間に民族的、宗教的、個人的な対立、憎悪を深めるよう工作してきた。諸国家の支配はこれを打倒しなくとも、その上に包括的な主権を樹立すれば充分である。われわれは現在の支配者の上に超国家政府とも称すべき機構を樹立する。

第二十一項　われわれはこの目的のために地下にユダヤ人だけのフリーメイスン結社ブナイ・ブリスを結成した。非ユダヤ人はその目的、存在さえ知らない。彼ら非ユダヤ会員による公開されたフリーメイスンへの参加はこれを悟らしめないためである。

第二十四項　われわれはシオンの賢者が過去、あらゆる障害を乗り越えて全世界を処理し、思想を導いた故智に学び、ダビデの聖なる子孫、世界の王はすべての福祉と享楽を認めず、王はすべての頂点にある。

もしもこの「議定書」が本当にユダヤのシオニストの長老会議において協議され、合意、作成されたものであったならば、たしかにシオニズムは全世界の平和と安定に対する重大な脅威である。しかし、第二次大戦後になってようやくこの文書作成の経過がわが国でも公表されたが、一般大衆は依然としてそれを知らない場合が多い。

イスラエルの著名研究家レオン・ゼルデスの二十世紀末の発表は、文書出現の経緯の総合的な解説であり、これを時系列に要約・整理するとおおむね以下のとおりである。

一、一八六四年、フランスの著作家モーリス・ジョリーは当時のフランス皇帝であったルイ・ナポレオン三世の政策を風刺して、『マキャベリーとモンテスキューの地獄における対話』と称する一書を出版した。

二、一八九七年、スイスのバーゼルにおいて「第一回シオニスト会議」が実際に開催された。会議の目的は各地に散在しているユダヤ民族の抱えている諸問題の解決であり、具体的には居住する土地の購入や干拓事業、道路の建設、森林育成などのための「民族基金」の設定であった。この会議の仔細は記録され残されている。

三、一九〇五年、ペテルスブルグ近郊においてロシア人セルゲイ・アレキサンドロビッチ・ナイラスという人物が『小さな事実の中の偉大な真実』と題する著書を出版した。この著作は一九一九年にかけて重版され、シオニスト会議の決議文であると称する「シオン議定書」を参考文書として添付した。しかし「議定書」には通常の決議文に必要とされる議長その他の参加者名の記載はなく、誰かの演説であるように見える。この著書と添付文書はすべてロシア語であった。
四、添付文書の「シオン議定書」は最初英語に訳され、ついでフランス語、ドイツ語その他に翻訳され、西欧諸国に広く頒布された。
五、しかし、一九二一年にいたると英人新聞記者フィリップス・グレイブスが「シオン議定書」は、その発刊の数十年前の一八六四年出版の前述の『マキャベリーとモンテスキューの対話』の焼き直しであることに気づいた。精査したところ、「対話」の中の一部がそのまま「シオン議定書」の一部に用いられていることが判明した。「議定書」は『対話』の盗作であることが決定的となり、これが西欧諸国へ公表された。

以上が「議定書」出版の背景であるが、この調査結果の報告によって「議定書」が盗作であったのは疑問の余地がなく、第一次大戦後から西欧の有識者の間では常識となった。

一九三〇年、スイスのユダヤ人団体が出版社を名誉毀損でベルンの裁判所に告訴し、四年間の法廷係争があった。しかし一九三四年、著者その他が特定できないので出版社による名誉毀損の意図については証拠不十分となり、結論に達することなく結審した。

このベルンの裁判所の判決に対して、四王天延孝は一九四一年の著書の中に数頁を費やして判決は不公正であり無効であると主張し、その理由として以下を述べている。

〈此く執筆者及書いた時期など今以て突き止められないけれども、それは議定書が虚偽だと云う証拠にはならぬし、内容が今日の現実と一致して居ること又数十年存在するがその価値が一向否定せられないで、之を偽作と云った方が否定せられたのであるから之は真実のものと見られ得るのである。ベルンの裁判は結局何れとも真相を明にすること無く終ったが、議定書の真相が観破されると困ることがハッキリした。〉（原文ママ）

少なくとも一九三〇年代前半の西欧の有識者の間では「シオン議定書」が盗作であることは衆知の事実となり、わが国でも一部の者はこの情報を得ていたはずだが、国内では終戦までこれが公表されることはなかった。戦前・戦中を通じて、わが国一般大衆は四王天を含めた軍国主義者の主張するユダヤ民族とフリーメイスンに対する一方的な非難攻撃を信じた。今日でも年輩の人々の間ではユダヤ民族は危険な異民族であり、フリーメイスンとともに「共同謀議」を行い、世界制覇を計画しているとの強い疑いをもたれている。疑いは先入主となり、偏見と誤解は世代から世代へ受け継がれ、今日にまで及んでいる。

戦中・戦後のフリーメイスン

大正末期の関東大震災の後、横浜の山手三番地にイングランド系メイスンの拠出によって建造されたメソニック・ホール（集会所）で集合していた日本最初の民間ロッジであった「横浜ロッジ」は、開戦以前、早くから会員の離日により休眠状態となっていた。しかし、集会日を変えて同じロッジを使っていたスコットランド系の「ロッジ・東方の星・六四〇」は所属会員に外交関係者が多かったため、平常と変わりなく集会していた。

開戦の翌日、一九四一年十二月九日を月例集会日に予定していたが、十二月八日の開戦と同時に憲兵と特高警察に急襲された。ロッジ内にあった書類・備品・役員宝章などはすべて押収され、これらの押収物は後に他のロッジからのものと一緒にドイツの例にならって、東京、横浜など主要都市の一流デパートの展示会で一般公開された。「ロッジ・東方の星」の会員の外交関係者は開戦後の半年ほどは敵性国外交官として抑留されていたが、交換船で帰国することとなり、このロッジ所属の会員が船上の一室を借りて一九四二年八月八日、船上で集会を開催したことが記録されている。この集会の特殊な状況については下船後、ロッジ・セクレタリーによってスコットランドのグランド・ロッジへ報告書が送られている。

終戦直後の日本へ進駐してきた連合国軍の中には総司令官ダグラス・マッカーサーをはじめとして多数のメイスン会員がいたが、進駐初期には戦前のロッジが復興していなかったため、正式の集会を開くことができなかった。そこで横浜に懇親会的なフリーメイスン・クラブをつくり、やがてこのクラブを中心として戦前のロッジ復興への支援活動が開始された。

この支援によって「ロッジ・東方の星・六四〇」は戦後の一九四六年四月に再開された。一九二八年にこのロッジ・マスターであり、戦時中は日本に残留したためスパイ容疑で十四ヶ月にわたり独房に監禁され、拷問をともなう取り調べを受けていたマイケル・アプカーが、戦後の最初のロッジ・マスターとして再度就任した。

横浜の「東方の星」に続いて、この年九月には神戸に同じくスコットランド系の「ロッジ・兵庫・大阪・四九八」が再開され、戦前にこのロッジのマスターであり、戦時中は同じように投獄されていたジョセフ・レビーが戦後の初代マスターに就任した。レビーはこのロッジの戦後最初の再開集会の席上、次のように述べ、戦時中の官憲の弾圧による犠牲者の存在に言及している。

「……われわれは四年十一ヶ月ぶりにロッジを再開できましたが、喜びと悲しみの入り混じった複雑な想いを抱いています。喜びは完全な自由の下にこうしてメイスン集会を再開できたこと、悲しみは多くのブラザーたちに遂にその日のきた時、彼らが『時』の呼び声に応えねばならなかったことであります。

わがロッジは長い間、幸せな日々を過ごしてきましたが、開戦後はそれが一変して災厄の日々となりました。……財産は押収されブラザーたちは無実の罪で獄舎に繋がれました。……彼らが投獄された真の理由は彼らがわが古き良き団体に所属していたということなのであります。当局はロッジの記録、備品、宝章などの押収によってフリーメイスンの根幹を破壊しつくしたと思い込んでいたようですが、われわれの真髄はそのような備品ではなく、フリーメイスンの理念と古代慣行にあるのであります」

開戦の数年前まで日本にあった五つのロッジのうち、戦後に再建されたのは横浜にスコットランド系が一つ、神戸にイングランド系とスコットランド系が一つずつの、計三ロッジであった。日本最初の民間ロッジであった「横浜ロッジ」は再建されることなく、イングランド・グランド・ロッジのリストから削除された。

しかし、一九四八年になると、日本の各地に駐留していた連合国軍人のメイスン会員の間からロッジ開設の動きが始まり、カリフォルニアその他のグランド・ロッジへ認証を申請したが、いろいろの経緯から却下された。結局フィリピンのグランド・ロッジからの認証によって横須賀、横浜、東京、その他の地域にロッジが開設された。

戦後、東京に開設された「東京メソニック・ロッジ」はそれまで入会を許されていなかった日本人の受け入れに積極的で、フィリピン・グランド・ロッジに書簡を送り、旧敵性国人である日本人受け入れの承認を要請した。この要請は承認され、一九五〇年一月、初めて日本国内において日本人メイスンが誕生した。この時期の日本人の入会者は政界人や言論界関係者がほとんどで、皇族では一時、東久邇宮殿下が入会していただけで、その後の皇族の入会はなかったが、朝鮮の旧李王朝の李垠殿下は熱心なメイスンであった。一九五五年三月には時の鳩山一郎首相が第三階級のマスター・メイスンとなっている。

東京のロッジは当初、ホテルの一室などを借りて集会していた。その頃、たまたま日本政府が三階建ての建物を売却することになった。この建物は旧海軍士官の団体がクラブとして使用していたもので、価格は八千万円であったといわれる。当時としては巨額だったが、代金は日本をはじめとして世界中のメイスンに呼びかけ、個人・団体の寄付を要請してかろうじて払い下げを受けた。

後に旧海軍士官団体から日本政府に払い下げの権限はないとの主張が起こり、裁判沙汰となった。しかし結局、旧海軍士官団体にある程度の和解金を支払って納得してもらい、法的に払い下げが確定した。

その後、この施設は一部をメイスン団体や一般の企業に賃貸し、その収入によって慈善事業を行っている。この資産の法的所有者となった「東京メソニック協会」は慈善事業を目的とする財団法人として厚生省の認可監督のもとに、理事など関係者の奉仕により運営されている。

マッカーサーの解任

連合国軍による占領下、朝鮮戦争の末期であるが日本駐留の連合国軍最高司令官であったマッカーサー元帥の解任事件があった。マッカーサーは占領下の日本では超法規的な最高権力をもち、後に「日本人の精神年齢は十二歳程度である」とマスコミにもらして日本社会にショックを与えた政治感覚の持ち主で、誠実ではあったが柔軟性には欠ける一面をもっていた。

一九五一年、朝鮮戦争の終局場面にあって、中国北東部（旧満州）攻撃の可能性に関する作戦上の意見不一致が原因で、上司であるトルーマン大統領との間で激論となった。結局、連合国軍最高司令官の職を解任され、日本国民をはじめとして世界中に

連合国軍最高司令官、
ダグラス・マッカーサー元帥

マッカーサーを解任した
アメリカ合衆国第33代大統領、
ハリー・S.トルーマン

衝撃を与えた。

一般社会も言論界もともに解任事件の中に偶然に示されたフリーメイスンリーの本質には気づかなかったようで、ジャーナリズムの報道の対象にもならなかったが、両者はともに高度に著名なメイスン会員であり、この劇的な事件はフリーメイスンの内蔵する「公共義務優先」の理念の一端を実例をもって示したものであった。

マッカーサーはフィリピン・グランド・ロッジよりの別格の栄誉と特例的な手続きの下に入会したメイスン会員であった。一方、トルーマン大統領は第二次大戦中の米国の最高指導者であったルーズベルト大統領の任期中、一九四五年の死去にともなって副大統領から昇格し、次の選挙で大統領に再選されたのだが、副大統領に就任以前の一九四〇年にミズーリ州のグランド・マスターに選出されていた。また、スコティッシュ・ライトでも主導的な活躍をした著名なメイスン会員であった。

しかし、メイスン間の友愛や親近感はあくまでも個人的な立場に限られ、国家や公共に対する義務や職務上の責任が優先するのがフリーメイスン理念の基本である。この両者の場合のように職務遂行上の意見の相違や、それから生じた解任行動は公共義務の遂行であり、メイスン間の個人的な「友愛」とは別次元の問題である。その間には明確な一線を画さねばならないというフリーメイスン理念が具体的に示された事件であった。

しかし、有識者やマスコミ人で、この時偶然に示されたフリーメイスンの基本理念に注目した者はいなかったようである。

日本グランド・ロッジの創立

一九五四年頃になると、日本のメイスン会員の間にフィリピン・グランド・ロッジ傘下を離れて、独自のグランド・ロッジ創立の気運が生じ始めていた。気運が具体化したのは当時、東京都下にあった「モライヤ山ロッジ」（旧約聖書に現れるソロモン王神殿が建造されたといわれる丘陵名）の一九五七年一月の決議文であった。決議文には在日メイスンはすでに二千五百名を超え、フィリピンと日本の間の距離を原因とした通信上・管理運営上の困難を考えると、独立によって日本のメイスンリーは強化されるであろうと指摘し、東京において日本中のフィリピン系ロッジの代表者会議を呼びかけたものであった。

フリーメイスンリーにおいては、三つ以上の正規に構成されたロッジが合意した場合には、グランド・ロッジを創設することができる慣行が確立されている。この慣行に基づいて同年三月、東京でフィリピン・グランド・ロッジの日本における地区グランド・マスターの出席のもとに全ロッジの代表者会議が開催され、席上、以下が合意された。

（一）日本グランド・ロッジの創立
（二）新グランド・ロッジの憲章および規約の採用
（三）役員選出

日本の最初のグランド・マスターに選出されたのは、ベネズエラの外交官カルロス・ロドリゲス＝ヒメネスであった。ロドリゲス＝ヒメネスはベネズエラに生まれ、首都カラカスにおいて薬学と法学の博士号を授与され、一九二九年ベネズエラで入会した。一九三一年以来、駐日総領事に任じられて横浜に住み、太平洋戦争開戦時には横浜山手のスコットランド系の「ロッジ・東方の星・六四〇」のセクレタリー（記録役）であった。

開戦となり、ロッジへ日本当局の立ち入りを受けた時には、ほどちかい自宅においていたロッジの記録類を外交官の公用印で封印して押収を免れた。しかし、やがてベネズエラが英米側に立って参戦すると、敵性国外交官として六ヶ月間の抑留の後、交換船で帰国した。前述の交換船上のフリーメイスン集会の参加者の一人で、下船後、スコットランドへ報告書を送ったのはこの人物であった。

戦後再び、ベネズエラ公使として来日し、横浜のスコットランド系の「ロッジ・東方の星」とフィリピン傘下の「ファー・イースト・ロッジ」の双方に重複会員として在籍していた。ロドリゲス＝ヒメネスは一九五七年の日本グランド・ロッジ成立後、ただちにフィリピン・グランド・ロッジへ書簡を送り、グランド・ロッジ開設に同意を求めたが、この年のフィリピンの年次総会での同意は得られなかった。しかし、日本グランド・ロッジはフィリピンの同意の有無を無視して、傘下ロッジに認証状を発給して旧認証状をフィリピンへ返還させ、同時に世界中のグランド・ロッジに日本グ

交換船内で集会を行った外交官たち。左から３人目が日本初のグランド・マスター、カルロス・ロドリゲス＝ヒメネス

戦後、日本政府から払い下げられた旧・水交社跡地（東京・港区芝公園付近）。ここに現在の日本のフリーメイスンの本部、日本グランド・ロッジがある。

ランド・ロッジの発足を通告し承認を要請した。

最初の承認は引退したマッカーサーの居住する米国のサウス・カロライナのグランド・ロッジより与えられ、次いでロドリゲス＝ヒメネスの母国ベネズエラより承認があった。フィリピンの態度判明を待って決定を保留したグランド・ロッジもあったが、一九五七年末には十二のグランド・ロッジから承認の通告があった。

以後、承認は毎年増え続け、二十一世紀初頭の現在では世界中の百五十あまりのほとんどすべての正統的なグランド・ロッジと承認関係にあり、傘下に十五ロッジを擁している。

現在の日本グランド・ロッジ内の「ブルー・ロッジ・ホール」

あとがき

本書はフリーメイスン史のほんの表面をマクロ的になでただけの、いわば導入編ともいうべきものです。個々の地域、国々で異なる道を歩んできたメイスンリーの歴史を一つ一つ見ていくと、まったく別次元の著作となりますが、いきなり個々の事情の細目に入ったり、興味深い出来事に入ったりしたのでは、全体像の把握が困難となるので、まず駆け足でマクロ的な全体像を紹介しました。

本書の中で言及しているように、わが国におけるフリーメイスンリーはその発足当初から、明治政府との間の特殊な「協定」を主因として、一般社会からフリーメイスンにとっては公正とは思えない「偏見」や「疑惑」を抱かれました。さらにこれを助長するかのようにいっさいの制約のなくなった戦後においても、フリーメイスン自体がかたくななくらい閉鎖性を守り続ける場合が多く、今日にいたるまで一般社会からの誤解を十分に解消したようには見えません。

このフリーメイスン側の公開性への消極的な対応の結果は、一部の職業的売文家に便乗の機会を与え、フリーメイスンに関する無責任かつ荒唐無稽な記述が横行し、ますます誤解を増大したようです。フリーメイスン側も近年、やや積極的にマスコミの取材に応ずるなど多少の改善のあとがみられますが、このような事態となった責任の半分は過去に閉鎖的な姿勢をとり続けてきたフリーメイスン側にあると思います。

現在のこの不自然な事態をこれ以上は放置すべきでないと感じ、著者は個人の資格と責任において今回の著述を発表することにしました。「盲蛇におじず」のたとえのとおり、歴史に関しては常識程度の知識しかもたない、市井の一般人にすぎない著者がフリーメイスンの歴史に挑戦してみたのですが、ほんの表面をなでているだけなのに、掘れば掘るほど数多くの確認せねばならない資料につきあたり、資料調査だけで数年を要してしまいました。

さらに書き始めてみると、今度は材料の取捨選択に悩みました。起こった事件、登場した人物など、どこまで詳細に述べるべきか、どこまで割愛すべきか、あまり深入りしすぎて読者を混乱させないだろうか、あまりにも簡略化しすぎて理解困難とはならないだろうか、このあたりの選択には大いに迷いました。

多くのメイスン会員にとっても未知の分野かも知れない情報に言及し解説しているので、一般の方々にはいちばん最初から説明しないと理解しにくい点が多いのですが、いちいちはじめから説明したのでは読み続ける興味を失ってしまうのではないだろうかとの心配もありました。

今、やっと書き終わって振り返ってみると、メイスン会員の方々をはじめとして、会員でない方々にも一人一人名前を挙げきれないくらい多数の方々のご支援と教えをいただきました。日本に在住の方々をはじめとして、英語圏の人々はもとより、フランス、ドイツ、イタリア、遠くはイスラエルの方々にまで、個人的な交流や友人関係をたどって、多くの国の人々から協力をいただき、資料やご指導を仰ぎました。特に、わが国最高レベルの専門知識をもつ研究家として尊敬するW氏からは数々のご指導をいただき、著者の資料だけからの結論の誤りを懇切丁寧にご指摘いただきました。感謝とともにこの事実を付け加えます。

そして最後にもう一言繰り返しますが、この書はフリーメイスン史の大筋の理解を目的として大要を述べたものにすぎません。まだまだ深く掘り下げれば掘り下げるほど底知れない、フリーメイスン史の入門書にしかすぎないのです。わが国にはおおぜいの学識や才能をもった方々がいるのですから、本書に触発されて、特殊な分野であるフリーメイスン史の異なる面やその本質、理念など、いろいろの角度から分析し見解を発表してもらいたいと希望します。世代から世代への知識の伝達と流れ、そしてそのさらなる展開が著者の心からの願いです。

二〇〇六年九月十五日

湘南大磯の寓居にて　　片桐三郎

主な参考資料（敬称略）

The Sumerians: Their History, Culture, and Character（Samuel N. Kramer）
The History of Freemasonry（Robert F. Gould）
Encyclopedia of Freemasonry（Albert G. Mackey）
The Builder（George Goodwin）
Freemasonry through Six Centuries（Henry W. Coil, Sr.）
Coil's Masonic Encyclopedia（Henry W. Coil, Sr.）
The Historical Landmarks and Other Evidences of Freemasonry Explained（George Oliver）
Masonic Jurisprudence（George Oliver）
The History of England（Thomas Macaulay）
Illustrations of Masonry（William Preston）
Transactions of Masons（C. A, Thory）
Encyclopedie Methodique（J. J. L de Landande）
Masonry in Japan, 1866 to 1966（Nohea O. A. Peck）
Japan's Masonry, An Occidental Fraternity in an Insular and Homogeneous Society（James L. Johnston）
The Craft in the East（Christopher Haffner）

フリーメイスン関連年表

一〇六六　ノルマンディ公ウィリアムのイングランド征服（ノルマン・コンケスト）
一一一八　聖堂（テンプル）騎士団創設（フランス）
一一三五　フランスの石工団体コンパニュナージュ、世界初のゴシック様式建造（パリ）
一一五〇　イングランドで初のゴシック様式建造
一二〇〇代　石工職人「自由石（フリーストーン）の彫刻家」と呼ばれる（イングランド）
一二三五　ドイツ地域で初のゴシック様式建造
一三〇〇代（鑑定）　パリの石工職人、スコットランドのメルローズ修道院跡に銘文を残す
一三〇七　フランス王フィリップ四世、聖堂騎士団幹部を逮捕
一三一四　聖堂騎士団幹部全員、ローマ法王により火刑に処せられる（騎士団の崩壊）

一三五五　ヨーク地区管理官より石工団体に関連法令（イングランド）
一三五七　アバディーンの大会堂建造（スコットランド）
一三七六　ロンドン市の四八業種リストに「フリーメイスンとメイスン」と記載される
一三九〇頃　最古の「古代訓戒写本」（リージャス写本）作成される（鑑定）
一三九六　ウエストミンスター寺院建造中、「フリーメイスンと呼ばれる石工職人」の記述現れる（ロンドン）
一四二五　イングランド王ヘンリー六世、石工職人への集会規制法令発布
一四四四／四五　労働法令に「フランク・メイスン」の名称現れ、後に「フリーメイスン」に訂正（イングランド）
一四八三　アバディーン市の公文書に石工職人のロッジ・マスター関連の記述を残す（スコットランド）
一四九一　同じくアバディーン市に石工職人関連の法令を残す
一五九八　スコットランドの主務管理官ウィリアム・ショウ、石工関連法規を布告
一五九九　同管理官、再び石工関連法規を布告
一六〇〇　エジンバラのロッジに地方紳士ジョン・ボズウエルの出席記録（初の一般人の記録、スコットランド）

一六〇三　ジェームス一世、イングランドの王位につく（スチュアート朝創始）
一六一八　ドイツ地域で三十年戦争始まる
一六四二　イングランドの清教徒革命始まる（クロムウェル主導）
一六四六　イライアス・アシュモール、ランカシャーのロッジに入会（イングランド）、日記を残す
一六四九　チャールズ一世処刑（イングランド共和制となる）
一六五二　ケルソ・ロッジの会員アインスリーがエジンバラ大学へ招かれる（スコットランド）
一六七二　キルウィニング・ロッジ（スコットランド）へキャシリス伯爵が入会
一六八二　アバディーン・ロッジ（スコットランド）の商人、スキーンが北米に移住
一六八六　ロバート・プロット『スタッフォードシャー地誌』刊行（イングランド）
一六八八　ダブリン大学教授ジョーンズ、フリーメイスン関連の講演（アイルランド）／イングランドで名誉革命始まる
一七〇七　イングランドとスコットランド合併（大英帝国の始まり）
一七一七　ロンドンに最初のグランド・ロッジ創立

一七二一　ペインによりグランド・ロッジの一般規定作成
一七二三　アンダースン博士、グランド・ロッジ憲章完成
一七二五　アイルランド・グランド・ロッジ創立／ロンドンのグランド・ロッジ、傘下ロッジに第三階級を許可
一七三〇　サミュエル・プリチャード『メイスンリーの解剖』（暴露本）刊行
一七三一　ベンジャミン・フランクリン、フィラデルフィアで入会（アメリカ）
一七三四　「ボストン・ロッジ」、北米最初の認証されたロッジとして開設
一七三六　スコットランド・グランド・ロッジ創立。ロスリンのサン・クレアー、初代グランド・マスターに就任
一七三七　騎士アンドリュー・ラムゼイの講演（パリ）
一七三八　アンダースン博士、二度目の憲章発表／ローマ法王クレメンス一二世、フリーメイスン会員全員の破門を宣言
一七四三　クラルモン伯爵、パリのグランド・ロッジのグランド・マスターに就任
一七四六　アベ・ラリュダン、反フリーメイスン文書『フリーメイスンの崩壊』発表（フランス）
一七四八　「レランド文書」発見（フランクフルト）、刊行（ロンドン）
一七五一　ロンドンに「古代グランド・ロッジ」創立

一七六〇　スコットランドによりボストンの「セント・アンドリュー・ロッジ」認証。ジョセフ・ワレン、スコットランド系の地区グランド・マスターに任命

一七六一／六二　多階位団体の二つの私製憲章作成される（フランス）

一七六二　アバディーン（スコットランド）で直角定規とコンパスの組み合わせの標章使用

一七六三　ウィリアム・プレストン、儀典の改訂開始（イングランド）

一七七三　フランス・グランド・ロッジ、二つのグループに分裂

一七七五　植民地アメリカ、独立戦争始まる

一七七六　アメリカ独立宣言

一七七九　イギリスのヨーク・グランド・ロッジに「ロイヤル・アーチ階位」授与の記録

一七八三　パリ平和条約（アメリカ独立を承認）

一七八五　ポール・ヴォーゲル『フリーメイスンリーに関する書簡』発表（ドイツ）

一七八六　プロシアのフレデリック大王、三十三階位憲章を作成・署名

一七八九　フランス革命始まる

一七九九　グランドリアン、旧グランド・ロッジを吸収合併（フランス）
一八〇一　チャールストンにスコティッシュ・ライト南方評議会が成立（アメリカ）
一八〇四　パリにもスコティッシュ・ライト・フランス評議会成立
一八一三　ロンドンの「近代」と「古代」の両グランド・ロッジが合同／スコティッシュ・ライト南方評議会、ニューヨークの北方評議会を承認
一八一五　ナポレオン退位、セント・ヘレナ島へ幽閉
一八一九　グランドリアンとフランスのスコティッシュ・ライト評議会が合併（パリ）
一八五〇　アルバート・パイク、スコティッシュ・ライト入会（チャールストン）
一八五八　日米通商条約締結（開国）
一八六一　スコットランドで一五九九年のショウ法令発見
一八六四　オランダ、ライデンにて西周と津田真道、フリーメイスンに入会
一八六五　英国の軍隊ロッジ「スフィンクス・ロッジ」、初の集会（横浜）
一八六六　「横浜ロッジ」創立集会
一八六七　グランドリアン、ルイジアナ・グランド・ロッジに対して管轄権要求。全米グランド・ロッジ、グランドリアンとの承認関係断絶。以後、他の

一八七七　グランド・ロッジも追随
一八八五　グランドリアン憲章改訂（パリ）
一八八七　ロバート・グールド『フリーメイスン史』刊行
一八八九　明治政府、保安条例施行
一八九三　ハリウエル＝フィリップス、大英博物館で最古の「リージャス写本」発見
一八九四　日・英間に第一次条約改正成立。この二～三年後に日本政府と在日メイスン団体間に「紳士協定」成立
一八九八／九九　イギリスのメイスン代表ストーン、会員に「紳士協定」の忠実な履行を強調
一九〇二　日英同盟成立
一九〇三　駐英公使・林董、フリーメイスンに入会（ロンドン）
一九一三　フランス・国民・グランド・ロッジ創立
一九一七　ロシアの十一月革命によってロシア国内のフリーメイスンリーは崩壊
一九二〇頃　ルーデンドルフ夫妻、反ユダヤ・反フリーメイスン活動開始（ドイツ）
一九二八　G・フィセリング『日本皇帝の戴冠式――オランダと日本の過去のきずな』刊行（オランダ）

一九三三　ドイツでヒトラー、首相に就任（ドイツ）
一九三五　ヒトラー、全フリーメイスンの解体発令（ドイツ）
一九四一　太平洋戦争勃発、日本の全ロッジ閉鎖／四王天延孝の反フリーメイスン・反ユダヤ攻撃強まる。「シオン議定書」強調
一九四二　「ロッジ・東方の星」（横浜、スコットランド系）交換船上にて集会
一九四六　戦前のロッジの再開始まる（日本）
一九五〇　日本人メイスンの入会始まる
一九五一　連合国軍最高司令官マッカーサー解任
一九五五　鳩山一郎首相、フリーメイスン入会
一九五七　日本グランド・ロッジ創立。初代グランド・マスター、ロドリゲス＝ヒメネス

解説　正統フリーメイスン論の原点

橋爪大三郎（社会学者）

片桐三郎氏の『入門フリーメイスン全史――偏見と真実』（二〇〇六年、アムアソシエイツ）は、画期的な本だった。第一に、グランド・ロッジのマスターまで務めたフリーメイスンのメンバーが自ら当事者として資料を調査研究し、まとめた、正統な歴史研究書であること。いわゆる暴露本のような裏付けのない情報は慎重に排除し、フリーメイスンという有数の秘密結社の全貌を描き出した。日本語で読めるフリーメイスンに関する書物として、最初に登場した信頼できる書物である。第二に、日本のフリーメイスンの特異な歴史を掘り下げ、日本人がフリーメイスンを理解できず、誤解し、偏見を抱いてしまうメカニズムを明らかにしていること。巷にあふれるフリーメイスン陰謀論のたぐいを撃退している。この二つの点で、大きな仕事をした。だから副題が、「偏見と真実」なのである。

私はメイスンではないが、ほぼ同様の思いで、『フリーメイソン――秘密結社の社会学』（二〇一七年、小学館新書）を書いた。その際、片桐氏の『入門フリーメイスン全史』はとても役に立った。なにしろ、日本語で書かれた信頼できる書物が、これ一冊と言ってもいい状態だったのだから。本書でだいたいの見当をつけ、あとは外国の書物を順番に当たっていけば、おおよその全貌をつかむことができた。

＊

フリーメイスンの性質をひと口で言えば、「友愛組織」である。

でも日本人は、友愛組織とは何のことかよくわからない。友愛組織にあたるものが日本には見当たらないからだ。友愛組織は、任意加入で、非政府の組織で、宗教でも学校でも地域社会でもない。存在しないものは、理解するのがむずかしい。

日本人は、友愛なら理解できる。学校の同窓会。地域の会合。会社の同僚。幼稚園のママ友。老人クラブの仲間……。身近な人びとと仲よくする。けれどもこうしたつながりは、結社ではない。もともとほかの目的で集まった。でも、結果的に、そこにいた人びとと仲よくなった。そういうケースが多い。そして、結社ではないから、持続しない。

フリーメイスンは結社だから、持続する。そして、本人が意思して加入する。

＊

日本人がフリーメイスンを理解する、第一のネックは、キリスト教の基礎が欠けていることである。

日本人の大部分は、仏教徒である。神道にもなじみがある。キリスト教徒は人口の一％程度しかいない。キリスト教について知らない人びとが多い。

これでは、フリーメイスンを理解するのは困難である。フリーメイスンはプロテスタントのキリスト教徒が加わることが前提の、組織なのだから。なぜ教会とは別に、親睦団体の結社が必要になるのか。本書にも詳しく書いてあるが、順を追って確認しよう。

まず、カトリック教会の特徴をおさえよう。カトリック教会は「普遍教会」で、人類全体が所属すべきものとされ、一つしか存在しない。国境を超え、地球大に拡がっている。トップは教皇で、大勢の枢機卿（すうききょう）や司教がおり、教区があって、末端の信徒を導くピラミッド組織である。なぜ教会はひとつしかないか。イエス・キリストはただ一人で、イエスを頭にいただく組織だからである。

プロテスタントはこれに叛旗（はんき）をひるがえし、カトリック教会を飛び出した。イエス・キリストの権威を、教皇が引き継いでいる証拠がない、が言い分だ。人間はイエス・キリストに従うべきで、人間の集まりである教会に従うべきでない。聖書と信仰が自分を導く。すると、聖書の読み方が違った場合、どちらもそれが自分の信仰だと譲らない。調整できない。よってプロテスタントの教会は、いくつにも分裂する。ルター派は、再洗礼派に反対し、弾圧した。カルヴァンやツウィングリの改革派はルター派を不徹底だとした。英国国教会もできた。カルヴァン派のピューリタンはアメリカに渡った。そのあとのアメリカは、バプテスト、メソジスト、プレスビテリアン（長老派）、ルター派、コングリゲーショナル（会衆派）、エピスコパル、クエーカー、ユニタリアン、ユニヴァーサリスト、などがひしめいている。

＊

第二のネックは、啓蒙思想や理神論になじみがないことである。

啓蒙思想は、絶対君主が国民国家を形成しつつある時代の思想。発展する自然科学と、まだ根強い教会勢力と、台頭する市民階級とのバランスの上に成立する体制だった。その指導原理は、理性である。自然科学を背景に、社会も合理的に再組織しようとした。

理性は、人間の精神活動のうち、神と同型である部分。具体的には、数学と物理学（自然科学）のことをいう。理性によって人間は、神の創造の秩序を理解することができる。人間のつくり出した非合理な伝統を、正しい社会秩序につくり変えることができるとした。

フランスではカトリックがまだ強い。理性で教会勢力の介入と対抗した。イギリスは英国国教会だが、カルヴァン派が影響力をもち、カトリックも残っている。オランダはカルヴァン派が強い。ドイツはルター派だが、カトリックの地域もある。

フリーメイスンは、（カトリックでない）いずれかのキリスト教信仰をもっていることを前提にしている（ただし最近では幅を拡げ、ムスリムも仏教徒も……なんらかの信仰をもっているひとは加入できるようになった）。ロッジのなかでは、教会や信仰の話はしない。理性を指導原理にする、市民階級の情報交換の場だ。大学が普及していない当時、最新の情報に接することができる、社交場として機能した。

理性と合致するように、信仰を合理的に編成する。この立場を、理神論（deism）という。フリーメイスンは理神論で、教会と距離をとった。

教会や信仰が大きな力をもっているから、理神論やフリーメイスンが求められる。アメリカ独立革命で、フリーメイスンが果たした役割はまさにそれだ。当時、有力な市民はメイスンが多かった。だから独立派にも王党派にもメイスンはいた。そして、教会を超え州を超え、アメリカ「合州国」の独立を図る人びとの接着剤に、メイスンの理神論は役立った。こういう社会的文脈が、日本人にはなかなかわからない。

＊

第三のネックは、フリーメイスン陰謀論がばらまかれる、情報（諜報）戦の背景についての基礎教養が、日本人には乏しいことである。

キリスト教には、悪魔の考え方がある。悪魔は、組織をもっていて、陰謀を企んでいる。カトリック教会にとって、プロテスタントは悪魔のようなものだった。カトリック教会は、告解（こっかい）などを通じて、膨大な情報に接する。出版を検閲し、禁書目録を指定する。カトリック教会の全体が、膨大な情報機関である。

プロテスタントにとって、カトリックは警戒すべき敵。ジュネーヴ市政を仕切ったカルヴァンは、敵側の動静を知るため諜報網を張りめぐらした。以来、どの政府も、諜報機関や秘密警察を展開させていった。交流の場であるフリーメイスンは、情報を交換するかっこうのチャンスになる。

フリーメイスンはカトリックと、対抗関係にある。各国の諜報機関とも、緊張関係にある。ユダヤ人はもともと、フリーメイスンに加入できなかった。フリーメイスンは理神論だから、無神論のマルクス主義とも折り合いが悪い。

第一次世界大戦でドイツが敗れ、オーストリアは解体し、ソ連が成立した。ドイツの共産主義者は活気づいた。対抗するナチスをはじめとする右派も台頭した。熾烈な諜報戦が繰り広げられた。ドイツではもともとルター派は公認で、牧師も公務員のようなものであり、手なづけられる。カトリックやフリーメイスンは、要注意団体である。ナチスは、反ユダヤ主義である。そこでフリーメイスンとユダヤ人を結びつける陰謀論が発明された。新手のプロパガンダだ。こうした陰謀論を振りまくのは、各国の諜報機関や秘密警察だ。敵がおどろおどろしいほど、彼らは仕事になるのだ。

日本の陸軍軍人（四王天延孝中将）は、こうした情報に刺戟を受け、フリーメイスン〜ユダヤ陰謀論を、日本中で説いて回った。西欧世界が陰謀によって動いているというストーリーは、陸軍にとって都合がよかった。ナイーブな日本人の脳に、すっかり陰謀論が刻みこまれてしまった。英国王室にはメイスンのメンバーがいる。日本の皇室にも体制の重鎮にも、メイスンはいない。陰謀論の言いたい放題である。

＊

もうひとつ、日本の特殊事情は、明治政府と在日外国人のメイスンとの間に、密約が交わされたことである。政府は、メイスンの活動に干渉しない。代わりに、メイスンは日本人を加入させない。この結果、日本人はメイスンになる道を閉ざされ、無知のままに置かれることになった。戦後、この密約は解消され、日本人も加入できるようになったが、それでも加入者は多くない。これも、偏見がなくならない一因だ。

＊

というフリーメイスンにまつわる常識を、バランスよく、日本語でよくわかるかたちで初めて紹介したのが、片桐三郎氏の『入門フリーメイスン全史』である。各国のフリーメイスンの展開や、派生したライトの各団体についても、詳しい記述がある。フリーメイスン研究の世界的な進展にも、十分目配りしている。科学的、実証的な精神にもとづくすぐれた業績だ。

残念なのは、この書物が、なかなか入手しづらくなっていたことだった。今回、関係者の努力で、片桐氏のこの書物が、文庫判として出版されることは、まことに喜ばしい。多くの人びとが手に取ること、そして、わが国のいびつで歪んだ世界理解が、フリーメイスンを手がかりに、正されることを期待したい。

本書は『入門フリーメイスン全史 偏見と真実』（株式会社アムアソシエイツ、二〇〇六年）を文庫化したものです。

文芸社文庫

入門フリーメイスン全史　偏見と真実

二〇二〇年十月十五日　初版第一刷発行

著　者　片桐三郎
発行者　瓜谷綱延
発行所　株式会社　文芸社
〒一六〇－〇〇二二
東京都新宿区新宿一－一〇－一
電話　〇三－五三六九－三〇六〇（代表）
〇三－五三六九－二二九九（販売）

印刷所　図書印刷株式会社
装幀者　三村淳

ISBN978-4-286-22116-8